T0294126

Las rutas de la música clásica

Las rutas de la música clásica

David Puertas Esteve

Diseño de cubierta: Regina Richling

Diseño de interior: Quim Miserachs

Fotografías interiores: Wikimedia Commons / APG Images

ISBN: 978-84-18703-38-6

Depósito legal: B-14.841-2022

Impreso por Reprográficas Malpe – Pol. Ind. Los Olivos
Calle de la Calidad, 34, Bloque 2 Nave 7
28906 Getafe, Madrid

Impreso en España - *Printed in Spain*

Sumario

Prólogo
Elogio de la Curiosidad

¿Entrar o no entrar? ¿Viajar o no viajar? ¿Empezar o no empezar?
¿Qué habrá? ¿Qué viviré? ¿Qué aprenderé?

David Puertas, el autor de este libro, es un maestro del despertar de la Curiosidad, una de las cualidades innatas de los seres humanos, la que discurre por el fértil valle del conocimiento. Lleva décadas dedicado a que la música y su entorno formen parte de este valle maravilloso, dirigiéndose tanto a los adultos enamorados del saber como a los jóvenes rebosantes de estímulos de todo tipo. Y siempre consigue no defraudar, regalando imágenes del pasado cargadas de contenidos, cristalizaciones de eventos de los lugares comunes de la música de todos los tiempos.

La estructura de sus vuelos recuerda la de los viajes mágicos, con su despegue, su traslación a otra época, su sobrevolar una ciudad, su detección del evento y su narración breve y cargada de sonrisas.

Los lugares comunes de la música que se suceden uno tras otro en este volumen, son los teatros, el origen servil de la profesión musical y su emancipación, el negocio de la música, los instrumentos musicales, las biografías de los compositores y solistas célebres, y una suerte de combinación secreta que hace de un suceso algo digno de ser contado, pero no solamente por el chisme, sino porque detrás de ese acontecimiento se esconde el acicate que puede convertir a ese evento de la Curiosidad en toda una aventura de conocimiento.

Ese es el secreto de David Puertas, viajar por el mundo de la música para traernos los estímulos del deseo de saber. Una vida al servicio del amor por la música y sus historias, y a la vez, en sí misma, una historia de amor por la música que algún día será contada. 𝄞

Priego de Córdoba, junio 2022

Alberto Sampablo Lauro, consultor experto en música clásica
y profesor de Derecho en la Escuela Superior de Música de Cataluña.

Viena

El título de «capital de la música» se lo han atribuido diversas ciudades en diferentes momentos de la historia, pero Viena es la que lo ha defendido con más ímpetu durante más tiempo. La Casa Real de los Habsburgo fue una de las principales culpables ya que, aparte de su intensa dedicación a la batalla para ir expandiendo el imperio durante siglos, convirtió la capital imperial en un centro cultural de primer orden. Los diferentes reyes, emperadores y archiduques (algunos de ellos, buenos músicos) se rodearon de artistas de todo tipo y atrajeron a los mejores intérpretes y compositores de cada generación. Además de las ofertas laborales que se ofrecían directamente en palacio, los músicos podían ganarse la vida en Viena organizando conciertos, dando clases, estrenando óperas, componiendo música para los numerosos bailes que se organizaban a lo largo del año o publicando obras en las diferentes editoriales instaladas en la ciudad.

Nuestra visita musical a Viena pasará por el Palacio de Verano (Schönbrunn) y el Palacio de Invierno (Hofburg) de los emperadores y emperatrices (Sisí incluida), por la imponente catedral, por la sala donde se celebra el concierto más famoso del mundo (el Musikverein) y por alguna de las cuarenta casas que habitó Beethoven en la ciudad. No olvidaremos echar una ojeada a los teatros más famosos, pasearemos por la orilla del Danubio y por el Graben, el barrio más distinguido y elegante de la capital de la música e incluso entraremos sigilosamente en el cementerio para visitar las tumbas de los genios de la música de todos los tiempos. La visita acabará en los magníficos jardines del palacio Augarten, sede del coro de los Niños Cantores de Viena.

Durante los últimos 300 años, por las calles de Viena se han paseado genios musicales como Vivaldi, Haydn, Mozart, Beethoven, Schubert, Liszt, Johann Strauss, Brahms, Bruckner, Mahler, Schönberg o Berg, por citar solamente una docena. Actualmente, la tradición sigue vigente con el listón muy alto y con la Orquesta Filarmónica de Viena como barco insignia navegando a velocidad de crucero.

El Palacio de Invierno de la familia imperial.

El Palacio Imperial de Hofburg y el vals

A orillas del Danubio se alza el Palacio de Invierno de la familia imperial: el Hofburg. El edificio tiene más de 2.500 estancias y es el palacio más grande de la capital. En sus enormes salones se celebra cada año el primer baile de la temporada, «Le Grand Bal» de nochevieja, y a lo largo del invierno acoge también el baile «de los cazadores», el «de los médicos», el «de los juristas» o el «de los cafeteros», uno de los más concurridos al que acuden más de 5.000 personas. ¿Y qué hace tanta gente junta en un salón dorado en el que brilla el lujo en cada esquina? Pues bailar. Los vieneses bailan al compás del vals, sobre todo de los valses que escribieron los Strauss. Cada año, entre enero y marzo se celebran en Viena más de 400 bailes, y en todos ellos los más esperados son los valses de los Strauss.

Johann Strauss (1804-1849) tuvo tres hijos: Johann, Josef y Eduard. Los tres se dedicaron a la música y, con el tiempo, llegaron a eclipsar la fama del padre. Lo cierto es que el padre

La pasión vienesa por el baile

La pasión por el vals no es exclusiva de la sangre azul: todos los vieneses, sea cual sea su condición social, están locos por bailar. Por eso, la orquesta que formaron los hijos de Strauss también era requerida constantemente para interpretar valses en cafés y salones de la ciudad. El resultado fue que, en pocos años, la popularidad de la orquesta de los hijos superó con creces la del padre. El progenitor atendía a la nobleza y los hijos, al pueblo.

tenía gran éxito entre sus clientes habituales: la casa imperial, los aristócratas y la nobleza en general. Llegó a ostentar el título de Director Musical del Baile de la Corte y su orquesta era la que amenizaba los mejores bailes de la ciudad en palacios y mansiones.

Cuando el padre murió, los hijos unificaron las dos orquestas y, bajo el nombre de Orquesta Johann Strauss inventaron la primera franquicia musical de la historia. Contrataban a docenas de músicos para que la Orquesta Strauss pudiera tocar en tres sitios a la vez: Johann hijo dirigía una orquesta en París mientras Josef lo hacía con otros músicos en Moscú y Eduard amenizaba un baile en Viena con el resto. Las tres eran la «auténtica» Orquesta Strauss. El éxito fue arrollador y las giras de conciertos por Europa fueron constantes. Una parte del éxito se debía al buen quehacer de los músicos, seleccionados uno a uno por los hermanos Strauss, pero sin duda la mayor parte del triunfo se debía a la música que interpretaban. Los tres hermanos compusieron valses, polcas, mazurcas y marchas que adquirieron gran popularidad. El más estimado fue, sin duda, Johann: de su pluma salieron valses que aún hoy día son considerados auténticos himnos austríacos, como El *Danubio azul* (1867) o *Sangre vienesa* (1873), y ningún baile que se precie (como los del Palacio Hofburg) puede prescindir de ellos.

Acabaremos la visita a Hofburg con música de vals: la boda del emperador Francisco I con la princesa Isabel de Baviera (la emperatriz Sissí) se celebró en este palacio el 24 de abril de 1854. Tres días después se organizó un baile con la orquesta Strauss como protagonista en el Salón de los Caballeros. Para homenajear a la nueva emperatriz, Johann Strauss (hijo) compuso el vals *Sonidos de Isa-*

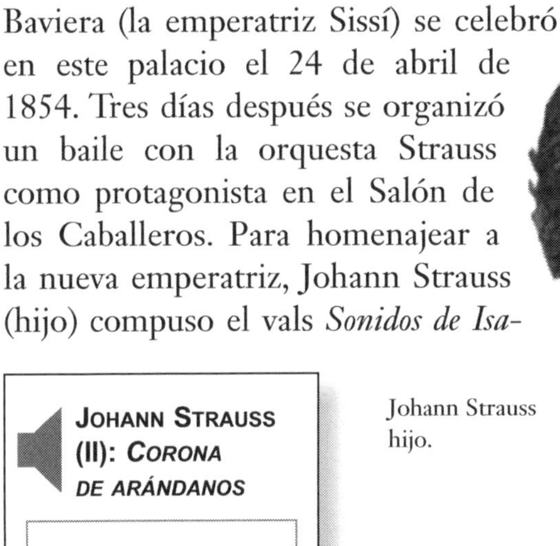

Johann Strauss hijo.

bel, que se estrenó aquel día. La música de Strauss incluye el tema del himno imperial austríaco y lo mezcla con el himno bávaro, mostrando así la unión entre los dos estados. Por razones de protocolo, el título fue cambiado por *Corona de arándanos* en referencia a la tradición austríaca de las coronas propias de las bodas.

La catedral y sus músicos

La catedral de San Esteban, con su inconfundible aguja gótica de 136 metros de altura, ha sido testigo de la historia de los últimos 700 años de la ciudad de Viena y, naturalmente, de su música. Franz Josef Haydn, el máximo exponente de la música clásica vienesa (principalmente por sus sinfonías y cuartetos de cuerda) fue miembro durante años del coro de niños de San Esteban.

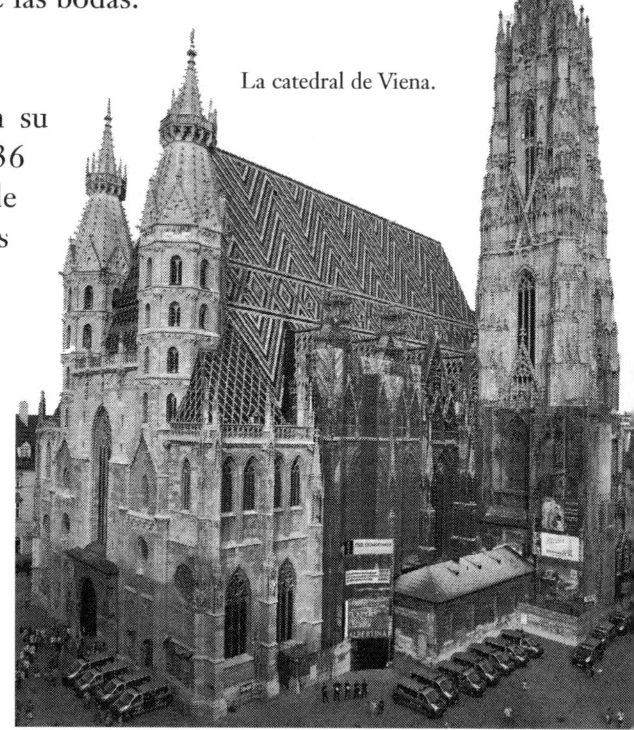

La catedral de Viena.

Una boda famosa en la catedral de Viena fue la de Wolfgang Amadeus Mozart con Constanze Weber. Se celebró en 1782 y no estuvo libre de rumores. A los 21 años, Mozart se enamoró de la cantante Aloysia Weber, pero ella no le correspondió. Años después, se instaló en Viena en la casa de huéspedes que regentaba la madre de Aloysia y, viendo que esta se había casado con un actor, se fijó en la hermana pequeña, Constanze. El padre de Mozart, Leopold, no quería saber nada de la familia Weber y se desesperaba al comprobar que su hijo insistía una y otra vez: primero con la hermana mayor y después con la menor. Mozart y Cons-

La «empresa» Strauss

Johann Strauss (hijo) se casó en esta catedral en 1862, a los 37 años, con Henrietta Treffz, consumando así el escándalo que ya hacía meses que corría por Viena: Henrietta tenía 44 años, vivía con siete hijos de relaciones anteriores y, además, había sido amante del padre de Johann. Pero la pareja funcionó: ella tomó las riendas de la «empresa» Strauss y, además de sus funciones como esposa, asumió las de productora musical organizando giras, firmando contratos e incluso revisando las partituras de su marido (ella había sido cantante profesional).

tanze se enamoraron, y aunque Leopold se opuso radicalmente a la boda, se casaron igualmente. Tuvieron seis hijos (cuatro niños y dos niñas) pero solo sobrevivieron dos. Ambos fueron bautizados en la catedral de Viena. En los últimos meses de su vida, Mozart fue nombrado director musical adjunto de la catedral y nada le hizo pensar que pronto se celebrarían allí mismo sus propios funerales.

San Esteban ha acogido numerosos funerales de músicos famosos, como es el caso de Antonio Vivaldi (1741, al que acudieron muy pocos feligreses), Antonio Salieri (1825, al que acudió toda Viena en masa) o Franz Schubert (1828, otro de los poco numerosos), pero quizás el menos concurrido fue el de Mozart (1791). A las 12 horas de su muerte, lo sacaron del piso en un ataúd y lo llevaron a la catedral donde ya esperaba el cortejo fúnebre formado por no más de una docena de personas. A pesar de las pocas horas que llevaba muerto, el estado de putrefacción del cuerpo ya era muy avanzado (posiblemente debido a una insuficiencia renal) y por ello el funeral se celebró al aire libre en la Capilla del Crucifijo. Al acabar, se trasladó el cuerpo al cementerio de San Marx.

Al contrario de lo que se ha dicho en múltiples ocasiones, la famosa *Misa de Requiem* que Mozart dejó inacabada no se interpretó en su funeral (en realidad, no se interpretó ninguna música: fue una ceremonia exprés y había mucho interés en enterrarlo enseguida por miedo a que el cuerpo pudiera contagiar alguna enfermedad). Cinco días después del entierro sí que se interpretaron algunos fragmentos del *Requiem* en la Iglesia de San Miguel de Viena. La primera catedral que acogió una interpretación completa del *Requiem* fue la Catedral de San Jorge de Lviv (Leópolis, Ucrania): el evento se celebró el 5 de diciembre de 1826 y el director fue Franz Xaver Mozart, el hijo pequeño de Mozart que solamente tenía cuatro meses cuando murió su padre.

El Musikverein y el concierto de Año Nuevo

Desde 1941, el primer día del año se celebra en la sala de los Amigos de la Música de Viena (conocida como Musikverein) el concierto más popular del mundo. Está protagonizado por la Orquesta Filarmónica de Viena y conseguir entradas para presenciarlo en directo requiere estar años en lista de espera o tener mucho dinero para comprarlas en la reventa. El repertorio

La Sala Dorada del Musikverein.

del concierto se basa en la interpretación de los valses, polkas y «cuadrillas» (marchas) escritas por la familia Strauss y por otros compositores como Lanner o Lehár, aunque a veces también se han incluido obras populares de Mozart, Beethoven, Schubert o Brahms. Desde 1959 se retransmite en directo por televisión a docenas de países (con una audiencia estimada de 1.000 millones de personas) aunque hasta el año 1992 solamente se retransmitía la segunda parte del concierto. En España, la primera vez que se pudo ver completo por televisión fue el 1 de enero del año 2.000.

A partir de 1958 se estableció que el concierto acabara con la interpretación de *El Danubio azul* (de Johann Strauss hijo) y, seguidamente, la *Marcha Radetzky* (de Strauss padre) para finalizar el concierto con el público aplaudiendo al compás de la música.

El edificio del Musikverein se inauguró en 1870 y desde el primer día fue la sede de la Orquesta Filarmónica de Viena. Consta de seis salas de conciertos: la más grande es la sala sinfónica, donde se celebra el Concierto de Año Nuevo (también llamada Sala Dorada) y tiene una capacidad para 2.000 espectadores (aunque 300 de esas localidades son de pie). Se trata de una sala de conciertos absolutamente espectacular, no solamente por su belleza sino también por su sonoridad y, qué duda cabe, también por su prestigio. Para un músico, tocar allí viene a ser como llevar la estrella de campeón del mundo en la camiseta de un futbolista. La segunda sala, la Sala Brahms, tiene un aforo de 600 localidades y las otras cuatro se llaman «Sala de cristal», «Sala de metal», «Sala de madera» y, finalmente, con 70 localidades, la «Sala de piedra».

Cuentan que, poco después de la inauguración, un empresario musical austríaco llamado Emil Gutmann quedó impresionado por la belleza de la sala y por su sonoridad, pero su mente empresarial enseguida pensó que era una lástima que «solamente» pudieran disfrutar de los conciertos 2.000 personas. Así que propuso a la Filarmónica de Viena que le permitieran vender el doble de localidades: el vendería 4.000 entradas y la orquesta tendría que repetir el mismo concierto al día siguiente sin necesidad de ensayar de nuevo. Esta idea que hoy día nos parece de cajón (las orquestas suelen interpretar el mismo programa dos, tres o diez veces si es necesario) fue absolutamente revolucionaria y benefició a ambas partes: a la orquesta y al público (y, naturalmente, a Gutmann).

El Musikverein ofrece cada temporada una programación estable muy completa y se puede disfrutar de conciertos de altísimo nivel en cualquiera de las salas de que dispone. Algunos de los eventos más importantes de la historia de la música se han vivido en este palacio musical: Antonio Salieri fue el primer profesor de canto de la escuela que existió entre sus paredes; Schubert dedicó su Sinfonía *«La Grande»* a la Sociedad de Amigos de la Música (propietaria del edificio); Karl Czerny (uno de los más brillantes pianistas del Romanticismo) legó una cuarta parte de su fortuna a la Sociedad; las sinfonías *Segunda* y *Tercera* de Brahms fueron estrenadas en la Sala Dorada, así como su *Requiem Alemán*, la *Cuarta* de Bruckner o la *Inacabada* de Schubert. El primer concierto celebrado en la actualmente llamada Sala Brahms lo dió la pianista —gran amiga de Brahms— Clara Schumann.

No todo han sido estrenos exitosos

Los estrenos en el Musikverein no siempre han sido un éxito: baste recordar el sonoro fracaso de Bruckner con el estreno de su *Sinfonía nº 3*. A medida que avanzaba la interpretación, el público iba abandonando la sala e incluso, hacia el final, algunos músicos también abandonaron la orquesta. O el escándalo protagonizado por Arnold Schönberg el 31 de marzo de 1913 dirigiendo obras de Berg, Webern, Zemlinsky y Mahler, que no pudo acabar por los gritos, silbidos, lanzamiento de objetos, peleas entre el público y la intervención de la policía. En alemán se refieren a dicho concierto con la palabra *Skandalkonzert*.

El Palacio de Schönbrunn y la viruela de Mozart

Schönbrunn es el Palacio de Verano de la familia imperial austríaca. Era conocido como «el Versalles vienés» y, bajo el mandato de la emperatriz María Teresa, en él se celebraban recepciones multitudinarias, conciertos, óperas, espectáculos de fuegos artificiales y todo tipo de eventos culturales y de entretenimiento. Sigue siendo uno de los lugares más visitados de Viena y en 1996 fue catalogado como Patrimonio de la Humanidad. Cuenta con más de 1.400 estancias, entre las que hay un teatro de ópera y un teatro de marionetas, ambos en activo. Cada año, al principio del verano, se celebra en sus jardines un concierto con la Filarmónica de Viena que congrega a más de 100.000 personas.

Cuando Napoleón invadió Viena en 1809, se instaló en el Palacio Schönbrunn y Beethoven, que tenía previsto estrenar allí su *Concierto para piano nº 5*, pospuso el estreno un par de años hasta que los franceses abandonaron la ciudad. En el Salón de los Espejos actuó Mozart a los seis años ante la familia imperial y asombró a los presentes con sus dotes musicales. Cuentan que interpretó diversas piezas al clavicémbalo, al violín e incluso cantando. Que pidió a uno de los presentes que tarareara un tema musical y, con esas notas, improvisó durante un buen rato. Pidió que le taparan los ojos con una venda y tocó igualmente el clave y luego taparon con un

El Palacio de Verano.

trapo el teclado y Wolfgang Amadeus, poniendo las manos bajo el trapo, tocó sin equivocarse ni una sola vez (con algunas variaciones, este era el «programa» del espectáculo que Mozart ofreció por todas las cortes y casas nobles europeas hasta que cumplió 12 años). En aquella ocasión, el público estaba presidido por la emperatriz María Teresa y algunos de sus 16 hijos. También se cuenta que, cuando Mozart acabó el concierto, al ponerse de pie tropezó y la archiduquesa María Antonieta (que también tenía seis años) ayudó a Wolfgang a levantarse, ocasión que Mozart aprovechó para pedirle que se casara con él. El juego infantil no pasó de aquí y, años después, ambos se reencontraron en París, pero María Antonieta ya era entonces reina consorte de Francia y aún tenía la cabeza pegada sobre los hombros (se la despegaron en 1793, nueve meses después de que rodara la de su marido, el rey Luis XVI).

Ya que hablamos del niño prodigio más famoso de la historia, es poco conocido el hecho de que, a los 11 años, Mozart estuvo a punto de morir a causa de la viruela. En septiembre de 1767 estaba prevista la boda de María Josefa, una de las hijas de la emperatriz, con el rey de Nápoles. Para los festejos, la familia Mozart fue invitada a dar un concierto-espectáculo en el palacio de Schönbrunn, pero al llegar, les anunciaron que María Josefa (que tenía 16 años) acababa de morir a causa de la viruela. La corte estaba de duelo y el plan de festejos se anuló completamente. Aun así, el emperador José II pidió a Leopold Mozart (el padre de Wolfgang) que permaneciera con su familia en Viena unas semanas y le emplazó a celebrar una audición próximamente ya que la boda anunciada con el rey de Nápoles se celebraría igualmente, aunque la novia no sería la fallecida María Josefa sino su hermana María Carolina, de 15 años. Pero tampoco este plan salió bien: María Carolina también enfermó de viruela y en octubre se declaró

La pandemia del siglo XVIII

La viruela fue la enfermedad más devastadora del siglo XVIII. El índice de mortalidad era altísimo y las secuelas que dejaba eran notables: desde las marcas de por vida de las pústulas, hasta la ceguera. Fue en aquella época cuando se empezó a estudiar la inoculación con cepas débiles, pero la sociedad no aceptaba de buen grado esta opción. En una carta de Leopold Mozart se comenta el tema: «Tratan de convencerme de que inocule al niño con viruela. Pero como les he expresado claramente mi aversión a esta impertinencia, me han dejado en paz. Aquí la inoculación es una moda. Por mi parte, dejaré el asunto en manos de Dios. Depende de Su gracia si Él desea mantener el prodigio de la naturaleza en este mundo en el que Él lo ha situado o llevárselo Consigo».

En 1767 la viruela se cebó en la ciudad de Viena.

oficialmente epidemia de esta enfermedad en Viena. Finalmente María Carolina superaría la enfermedad, se casaría con Fernando IV de Nápoles y tendría 18 hijos.

Los Mozart huyeron de la ciudad al ver que los tres hijos de la familia que los alojaba también habían caído enfermos. Leopold y su familia se dirigieron a Ollmütz, 200 Km al norte de Viena. Las prisas no sirvieron de nada y Nannerl (la hermana de Wolfgang) y el propio Amadeus contrajeron la viruela. A los pocos días de llegar a Ollmütz, los dos cayeron enfermos. Un noble de la ciudad les ofreció las atenciones de su médico personal y, a juzgar por las cartas de Leopold en las que detalla el estado de sus hijos, la situación fue grave: durante nueve días, Wolfgang mantuvo una fiebre muy alta y no veía nada ya que las pústulas en los párpados se lo impedían. Un par de años antes, en un viaje a los Países Bajos, Nannerl había enfermado de fiebre tifoidea y llegó a estar tan mal que sus padres llamaron al sacerdote para que le administrara la extrema unción. Finalmente, gracias a los cuidados del médico de palacio, la chica sanó.

Poco a poco los hermanos Mozart se fueron recuperando de la viruela y, unas semanas más tarde, actuaron finalmente ante el emperador. La madre de Mozart conversó con la emperatriz largo y tendido acerca de la enfermedad: la emperatriz ya había perdido tres hijos por la viruela, una al poco de cumplir los 12 años y dos más con 16. En aquellos días la emperatriz había ordenado a Jan Ingenhousz, un médico británico de origen holandés pionero en el campo de la vacunación, que hiciera pruebas de inoculación con niños pobres de Viena, a cuyas familias se retribuía generosamente. Finalmente, la emperatriz inoculó a sus hijos. Los estudios que llevaron al descubrimiento de la vacuna contra la viruela, a cargo del médico inglés Edward Jenner, no se concretaron hasta 30 años después.

Mencionemos para acabar un famoso evento musical vivido en Schönbrunn: en 1786 fue escenario de una «lucha» musical entre Mozart y el compositor de cámara del emperador, Antonio Salieri. El emperador José II encargó a cada uno de ellos una ópera ligera para ofrecerla a sus invitados. El tema tenía que ser «el montaje teatral». Mozart compuso *El director teatral (Der Schauspieldirektor)* mientras que Salieri estrenó *Prima la música, poi le parole*. Ambas eran obras cómicas y las dos obtuvieron cálidos aplausos y la aprobación del emperador. Pero, en esa ocasión, Salieri salió vencedor. Aunque la película *Amadeus* (1984) nos presentó a Salieri como el malo, no hay que olvidar que, en aquellos momentos, era el compositor de la corte, el preferido del emperador y el que contaba con más recursos para producir sus obras. Mozart, aunque ya tenía 30 años, seguía luchando contra viento y marea por abrirse paso en su carrera profesional.

Las cuarenta casas de Beethoven

Beethoven vivió 35 años en Viena y, durante ese tiempo, cambió de casa más de 40 veces. Algunos estudiosos del tema dicen que el número de mudanzas fue muy superior e incluso llegan a hablar de 80 cambios de piso. A veces buscaba una casa alejada del centro, otras veces prefería cambiar pero quedarse en la misma calle y en otras ocasiones, volvía a alguna de las residencias anteriores. Parece ser que el espectáculo era digno de verse: pianos saliendo por las ventanas, cajas llenas de partituras, Beethoven chillando a diestro y siniestro... Un auténtico *show*. El porqué de tantos cambios no es fácil de explicar: Beethoven necesitaba espacio, pero también tranquilidad. El problema era que la tranquilidad la buscaba en el exterior (vecinos poco ruidosos, entornos naturales, fácil acceso, buen trato con los caseros y criados) pero resulta que los ruidos, los problemas y los berrinches los ponía él de su parte. Su paciencia era inexistente y al mínimo problema, se marchaba, fuera debido a una discusión con el propietario, a un malentendido con un vecino o simplemente porque le parecía que desde esa casa tardaba demasiado tiempo en llegar al centro de la ciudad.

Actualmente se puede visitar la Pasqualatihaus, una casa propiedad de uno de los mecenas de Beethoven, Johann Baptist Freiherr von Pasqualati —hijo del médico personal de la emperatriz María Teresa— donde el genio alemán vivió durante diferentes etapas de su vida. En ella compuso la ópera *Fidelio*, las sinfonías números 5 y 6 y también la famosa bagatela *Para Elisa*. Dicen que la primera vez que abandonó la casa fue porque, un buen día, sintió la necesidad

La Pasqualatihaus, una casa propiedad de uno de los mecenas de Beethoven.

de construir una ventana en mitad de una pared y contrató a un albañil para hacer el trabajo. Después de los primeros golpes de mazo, el propietario acudió y mandó parar las obras inmediatamente. Le dijo a Beethoven que aquella no era su propiedad y que decisiones de ese tipo las tenía que hablar con él. Beethoven se enfadó... y se marchó con sus pianos a otra parte. Un tiempo después volvió y se volvió a marchar y volvió a volver... así durante los ocho años que duró su relación con el mecenas.

Vivir en la casa de Beethoven

Actualmente, el piso de Pasqualatihaus se puede visitar. Está repleto de objetos relacionados con Beethoven, pero no es el que ocupó el compositor si no el adyacente.
El «auténtico» está ocupado por un inquilino y, hasta que no se le acabe el contrato de alquiler, vivirá respirando los humores (buenos y malos) que el genio de Bonn dejó en esa casa.

Otra de las casas que habitó Beethoven es la de Heiligenstadt, en el Distrito de Döbling. En esta casa escribió una carta dirigida a sus hermanos en la que confesaba por primera vez que se estaba quedando irremediablemente sordo y que dicha circunstancia le había hecho plantear incluso el suicidio. Por suerte, Beethoven superó esta fase y se volcó en la composición: en el interior de su cabeza sí que podía escuchar la música, así que empezó a escribir una nueva sinfonía. La obra la tituló «Sinfonía Heroica» y aunque inicialmente la quiso dedicar a Napoleón, finalmente tachó la dedicatoria enfadado con el mandatario francés al autoproclamarse «emperador». La primera vez que se interpretó

públicamente fue en el Theater an der Wien en 1805 y alguna crítica la tachó de «interminable». Justo en esa época, Beethoven vivió durante unos meses en uno de los apartamentos adyacentes al propio teatro.

Para acabar el recorrido inmobiliario, citaremos la última morada de Beethoven: la Schwarzspanierhaus, es decir «la casa de los negros españoles». Este nombre tan peculiar se debe a que, durante años, a finales del siglo XVIII, el edificio albergó un convento de benedictinos procedentes del monasterio de Montserrat (Barcelona) que, por su hábito negro, eran conocidos como «españoles negros» (Schwarzspanier). El edificio original se derribó, pero en el actual se puede ver una placa conmemorativa con un curioso texto: «La casa que estuvo en este sitio hasta 1904 fue el hogar de Beethoven, quien murió de una muerte edificante aquí el 26 de marzo de 1827».

El Palacio Augarten y los niños cantores

Acabábamos el anterior capítulo mencionando a los monjes de Montserrat. Justamente en este monasterio —ubicado en el centro del triángulo que forman las ciudades catalanas de Igualada, Manresa y Terrassa— se halla uno de los coros infantiles más reconocidos del mundo y, sin duda, uno de los más antiguos: la escolanía de Montserrat está documentada desde el siglo XII. Este tipo de instituciones corales de voces blancas formadas únicamente por niños antes de la pubertad fueron muy comunes en Europa, siempre asociadas a iglesias y catedrales y por ello dedicadas principalmente a la interpretación de música religiosa, como la Escolanía de El Escorial en Madrid, el Coro de Santo Tomás de Leipzig o el de Regensburg, considerado el más antiguo de Europa ya que está documentado desde el año 975.

Esta introducción sobre los coros infantiles viene al caso porque precisamente en Viena está el coro más famoso del mundo: los Niños Cantores de Viena. Desde 1948 la sede de este coro se halla en el Palacio Augarten, pero su historia se remonta a finales del siglo XV. En 1498 el emperador Maximiliano I trasladó la corte de Insbruck a Viena. Dicho traslado incluyó a los músicos de palacio y dejó por escrito que siempre tendría que haber seis niños en el coro. Por ello se considera que aquel fue el nacimiento de la Capilla Real de Viena y, con ella, del Coro de Niños. Hasta bien entrado el siglo XX, el coro de niños cantó exclusivamente para la corte, en celebraciones eucarísticas de palacio, en conciertos privados y en

Los Niños Cantores de Viena.

ceremonias protocolarias como coronaciones, recepciones, etcétera. En 1920 la capilla real se deshizo, pero el coro de niños se mantuvo y en 1924 se refundó bajo la actual denominación de «Niños Cantores de Viena».

Ya desde su inicio, el coro de niños fue concebido como una institución educativa: no se trataba solamente de cantar, si no de dar también una sólida formación musical y una educación integral a los niños que accedían al coro. Algunos de estos niños a la postre fueron músicos famosos, como Josef Haydn, Franz Schubert, Hans Richter o Clemens Krauss.

Los jardines del Augarten también son famosos porque allí Mozart celebró sus primeros conciertos para darse a conocer entre el público vienés. En 1782 recibió el permiso del emperador para organizar doce conciertos durante la cuaresma, ya que los teatros estaban cerrados. Los jardines habían sido abiertos al público y

El coro hoy

Actualmente el coro acoge un centenar de niños, de entre 10 y 14 años y, aparte de los conciertos que ofrece en Viena (principalmente en el Palacio Hofburg), suele hacer giras por todo el mundo.

el emperador había puesto la siguiente inscripción en la puerta principal: «Lugar de entretenimiento público dedicado a toda la humanidad». Cualquier vienés podía ir a pasear y encontrarse, de repente, a Mozart tocando el piano con una pequeña orquesta. Allí Mozart interpretó el *Concierto para dos pianos* que había compuesto unos años antes para tocarlo con su hermana Nannerl. En los jardines del Augarten, la pianista que le acompañó fue su alumna Josepha Barbara Auernhammer, quien según todas las fuentes estaba locamente enamorada de su profesor. Mozart, que no quería saber nada del tema, le siguió dando clases un tiempo, le dedicó tres sonatas para piano y dejó escrito: «La señorita toca de forma deliciosa». Pero nada más.

Zentralfriedhof: el cementerio musical

En Viena los músicos viven… y mueren. Se dirá que esto es así en todas partes, pero en el caso vienés la nómina de defunciones musicales es larguísima. Muchos compositores e intérpretes europeos iban a la capital austríaca a buscar trabajo, desarrollaban su carrera y, finalmente, allí eran enterrados. Vivaldi, Gluck, Salieri, Mozart, Beethoven o Brahms son solamente media docena de los insignes músicos que, sin ser vieneses, reposan en el Zentralfriedhof, el Cementerio Central de Viena.

El cementerio central de Viena.

Una cuestión de honor

El «honor» de estar enterrado en dicho Zentralfriedhof no es exclusivo de los músicos ya que hay centenares de tumbas de grandes personajes de la política, el arte, la ciencia o el deporte repartidas por los 2,5 kilómetros cuadrados del parque y por las zonas reservadas a las diferentes confesiones religiosas.

Algunos de ellos no fueron enterrados allí en primera instancia, pero sus restos fueron trasladados con posterioridad. Beethoven, por ejemplo, fue enterrado en Währing en 1827, pero lo exhumaron 60 años después y lo sepultaron en el Zentralfriedhof. En el caso de Mozart solamente hay un monumento honorífico, pero bajo él no descansa ni una sola pizca de polvo del compositor ya que fue enterrado en una tumba comunitaria del cementerio San Marx de Viena pero nunca se ha identificado el sitio exacto y, por lo tanto, no se han encontrado sus restos.

Visitar con detalle el Cementerio Central de Viena requiere tiempo y un buen mapa. El recinto tiene su propia línea de autobuses, así que no hay que preocuparse por el transporte: localizar todas las tumbas honoríficas dedicadas a músicos puede convertirse en un juego interesante. Según explican los responsables del lugar: «Las tumbas de honor son parte de la historia cultural de Viena. Son una gran distinción que da la ciudad más allá de la muerte a personalidades de la vida pública».

La mayor parte de los músicos notables están en las zonas 32-A y 32-C, incluidos los vieneses de pura cepa como la familia Strauss, Joseph Lanner, Franz Schubert, Gustav Mahler o Arnold Schönberg.

Algunos tuvieron que esperar un tiempo antes de disfrutar del honor de estar en el camposanto vienés, como el caso de Schönberg que murió en Estados Unidos en 1951 y cuyos restos no fueron trasladados a Viena hasta 1974. En cambio, otros como Brahms, disfrutan del reposo vienés desde el primer día: en abril de 1897 su entierro movilizó a media Viena. Tuvieron que alquilar seis carros para llevar todos los ramos de flores que llegaron a su casa y el coche fúnebre se paseó por la ciudad haciendo parada ante el Musikverein y ante la Ópera Estatal antes de dirigirse al Zentralfriedhof, donde descansa eternamente cerca de Beethoven, Schubert y Strauss.

El Graben y las Variaciones Diabelli

El Graben es la calle principal del centro de Viena, la más concurrida, la más comercial y la que alberga las tiendas más lujosas de la ciudad. Ha sido reurbanizada en numerosas ocasiones desde la Edad Media pero actualmente la mayoría de los edificios son del siglo XIX, aunque se conserva alguno del Barroco, como el Palacio Batolotti-Partenfeld. Una edificación notable con relación musical es el Grabenhof, un edificio en el que vivió Josef Sonnleithner, el fundador de la Sociedad de Amigos de la Música de Viena, responsable de la construcción del Musikverein y de la inauguración del Conservatorio de Viena.

Pero quizás la historia más interesante del Graben es la que tiene a Beethoven y sus *Variaciones Diabelli* como protagonistas. El Diabelli que aparece en el título fue un músico nacido cerca de Salzburgo que probó varios oficios dentro del gremio —cantante, guitarrista, compositor de obras religiosas— antes de trasladarse a la capital y abrir un negocio de edición de partituras. En 1818 alquiló una tienda en el Graben, en el centro neurálgico de la ciudad, y empezó a publicar obras de pequeño formato que se vendían muy bien entre el melómano público vienés. Eran principalmente obras para piano solo, piano a cuatro manos, dúos o tríos. Lo más selecto de la sociedad vienesa salía a pasear por el Graben, el barrio más elegante de la ciudad, y Anton Diabelli estaba muy satisfecho con la numerosa clientela que entraba a hojear las últimas novedades en música de cámara y *Hausmusik*, la música doméstica tan de moda en la capital de la música.

Diabelli publicaba sus propias composiciones y también las de autores jóvenes, pero no conseguía que los autores consagrados —como Hummel, Czerny o el propio Beethoven— le confiaran obras para editar. Al año de tener abierto el negocio se le ocurrió una idea para captar a alguno de los grandes compositores. Compuso un pequeño vals para piano de una sola página y lo mandó a los cuarenta músicos con mayor influencia del momento: Beethoven, Schubert, Czerny, Moscheles, Hummel, Stadler, Gelinek o el hijo de Mozart, Franz Xaver. En una carta adjunta les decía: «Admirado señor: tengo la osadía, y a la vez el placer, de invitarle a escribir una variación sobre la pequeña obra que adjunto con la finalidad de publicar un álbum para piano en el que se recoja una muestra de cada uno de los mejores compositores del país. El álbum se titulará *Asociación de Artistas de la Patria* y, naturalmente, no puede faltar su colaboración».

La idea resultó un éxito: a los pocos meses empezó a recibir variaciones compuestas por las firmas más relevantes e incluso decidió ampliar la lista de compositores hasta cincuenta y uno (incluido un joven de 10 años

El Graben, la calle principal de Viena.

llamado Franz Liszt). El proyecto siguió su curso y, tres años después, Diabelli ya tenía 32 partituras a punto para publicar. Pero le faltaba la colaboración del más importante de todos los compositores: Beethoven. En realidad, era un secreto a voces que Diabelli había inventado aquello de las variaciones para piano sobre su vals para poder tener en el catálogo de su editorial una obra de Beethoven, así que decidió mandarle una nueva carta recordándole el proyecto y asegurándole que su variación sería la primera que abriría el álbum. Incluso le dio un plazo de tiempo más largo para que pudiera trabajar sin prisas. En la última línea de la carta le decía: «Ya he recibido 32 partituras, pero me falta la suya». Al leer aquello, Beethoven cambió de parecer: hasta aquel momento el proyecto de Diabelli no le

Variaciones en el tiempo

Con el paso de los años, las variaciones de Beethoven se han convertido en una de las obras más importantes de todos los tiempos para piano solo y son un reto interpretativo de máxima dificultad. Al año siguiente, Diabelli publicó el álbum con las 50 variaciones de los otros 50 compositores, pero dudo que ninguno de mis lectores las haya escuchado jamás.

había interesado lo más mínimo; no podía aceptar el hecho de aparecer en aquel álbum como un compositor más entre una colección de autores más o menos mediocres. Pero al saber que Diabelli ya contaba con 32 variaciones de 32 compositores distintos, Beethoven dijo: «Pues yo, solito, escribiré 33».

Y así fue como, a mediados de 1823, Anton Diabelli recibió un fajo de partituras escritas por la mano de Beethoven encabezadas por el título *Treinta y tres variaciones sobre un tema de Anton Diabelli*, una obra de cerca de una hora de duración. La primera reacción de Diabelli fue maldecir al genio de Bonn por su arrogancia, pero pronto se dio cuenta de que, gracias a aquel pequeño vals, ahora tenía en las manos un tesoro: una obra completa y original del gran Beethoven lista para su publicación. En junio empezó a vender los primeros ejemplares de la obra de Beethoven, sin ninguna referencia al proyecto original del álbum colectivo, y con esta presentación: «Presentamos al mundo unas variaciones extraordinarias, una obra digna de ser calificada como una de las creaciones inmortales de los grandes clásicos. Una obra que solo Beethoven, el único representante vivo del verdadero arte, puede producir. Estamos orgullosos de haber instado a que esta obra fuera escrita y hemos tomado todas las molestias posibles para hacer una impresión de gran elegancia y precisión».

Karajan en la Ópera Estatal

El edificio de la Ópera Estatal de Viena (Wiener Staatsoper) fue inaugurado en 1869 con *Don Giovanni* de Mozart, pero los comentarios sobre la interpretación quedaron en segundo plano ya que la comidilla entre los asistentes a la gala fue la historia negra de la construcción del teatro:

Herbert von Karajan.

desde el inicio del proyecto, el diseño neorenacentista fue muy criticado y el arquitecto responsable, Eduard van der Nüll, acabó suicidándose. Su socio August Sicard von Sicardsburg, asumió la dirección de la obra, pero también murió tres meses después. El emperador, que había sido uno de los principales instigadores de las críticas, quedó profundamente conmocionado por las dos muertes y a partir de aquel momento siempre que le pidieron su opinión sobre alguna cuestión artística contestó con un escueto: «Muy bonito». Durante la Segunda Guerra Mundial el edificio fue bombardeado, pero se reconstruyó y reinauguró en 1955 con la ópera *Fidelio* de Beethoven.

Se trata de uno de los teatros más famosos del mundo y cantar allí significa haber llegado a lo más alto en la carrera de un cantante de ópera. Ofrece unas 50 producciones líricas cada año y unas 10 de ballet con un total de más de 300 representaciones, así que es muy probable que cuando visitemos Viena podamos disfrutar de una representación en la Staatsoper (si compramos la entrada con tiempo, claro está).

La lista de directores de esta compañía operística es espectacular por la calidad de sus nombres: Gustav Mahler, Richard Strauss, Felix von Weingartner, Karl Böhm, Lorin Maazel... Pero uno de los que dejó huella fue sin duda Herbert von Karajan, que asumió la dirección durante ocho años, entre 1956 y 1964.

Karajan nació en Salzburgo en 1908 y fue uno de los creadores del prototipo de director de orquesta como personaje déspota y totalitario. Pendiente de su imagen y encantado consigo mismo, también fue responsable de la enorme inflación que experimentaron los sueldos de los grandes solistas y directores:

El milagro Karajan

Un crítico lo llamó *Das Wunder Karajan* (el milagro Karajan) y aunque su colaboracionismo con el régimen nazi fue evidente, después de la posguerra siguió dirigiendo sin ningún problema gracias al trabajo de su representante, Rudolf Vedder, un miembro de las SS que gracias a sus contactos políticos y artísticos manejaba las riendas del negocio musical en Centroeuropa. Dicen que el Karajan familiar era muy distinto al Karajan público, pero él mismo se ocupó de preservar su intimidad y de no mezclar su imagen de director de orquesta con su vida privada. Sus dos perritas se llamaban La Callas y La Tebaldi.

Theater an der Wien, el teatro más moderno en la época de Beethoven.

él pedía cantidades desorbitadas y, aprovechando que la mayor parte de teatros y orquestas estaban sufragados con dinero público, se le llegaron a pagar cifras astronómicas (una lacra de la música clásica que aún perdura).

Su forma de trabajar cambió por completo el sonido de las orquestas modernas y sus interpretaciones aún son consideradas de referencia. Incluso todavía hay quien cree que *La bohème* de Puccini tiene que sonar como Karajan la grabó en 1972 con Mirella Freni y Luciano Pavarotti en los papeles solistas. Se implicó con pasión en la industria discográfica, fue uno de los pioneros en grabar en formato CD y se calcula que llegó a vender más de 200 millones de discos.

La viuda alegre en el Theater an der Wien

En la época de Beethoven, el Theater an der Wien era el más moderno de Viena y el que estaba mejor equipado. «An der Wien» significa «a la orilla del Wien», en referencia al río que antiguamente pasaba por allí, pero hoy día está cubierto por el Naschmarkt, el mercado al aire libre más popular de la ciudad.

El Wien, como se le conoce popularmente, se inauguró en 1801 y el empresario que lo gestionaba era Emanuel Schikaneder, el libretista de *La flauta mágica* de Mozart. Aún se puede ver en la parte superior de la puerta principal la alegoría al personaje de Papageno que Schikaneder hizo esculpir en recuerdo a *La flauta mágica* y a que fue él mismo quien interpretó ese papel en el estreno.

El teatro ha sido remodelado en diversas ocasiones y se ha perdido una de sus dependencias históricas: una habitación para huéspedes que Beethoven ocupó en distintos momentos de su vida. Después de la Segunda Guerra Mundial, mientras se reconstruía el edificio de la Ópera Estatal, la compañía operística nacional actuó en el Wien durante 10 años. A partir de los años 60 solamente se programaron musicales y no volvió a programar ópera hasta 2006. El concierto inaugural de esta nueva etapa fue dirigido por Plácido Domingo. Actualmente es la sede de la orquesta de instrumentos históricos Concentus Musicus.

El reino de Pontevedro

Al saberse el tema de la obra, se produjeron manifestaciones contrarias convocadas por estudiantes montenegrinos, ya que consideraban que el inventado reino de Pontevedro en el que se sitúa la acción era una caricatura de mal gusto de Montenegro.

A lo largo de sus más de 200 años de historia, el Wien ha vivido el estreno de muchas obras indispensables de la música clásica: Beethoven estrenó aquí las sinfonías 2, 3, 5 y 6, el *Concierto para violín*, el *Concierto para piano nº 4* y su única ópera, *Fidelio*; Schubert estrenó la música de *Rosamunda*; Johann Strauss la opereta *El murciélago* y Franz Léhar, *La viuda alegre*.

En 1905 el compositor húngaro Franz Léhar estrenó su tercera opereta en el Wien. Las dos anteriores habían gustado, pero con *La viuda alegre* dio la campanada: una música brillante y optimista para una historia simpática de amores y desamores con una viuda a la que todos quieren casar para que su fortuna no se vaya del país. El éxito fue rotundo y enseguida se organizaron representaciones por toda Austria y Alemania y pronto se llevó a Londres. En 1908 se estrenó una versión en español en el Teatro Gran Vía de Barcelona y en 1909 otra en el Teatro Price de Madrid.

Durante los ensayos, los empresarios del Wien no tenían muy claro que la obra fuera a triunfar, así que pactaron con Léhar e incluso con alguno de los cantantes que se rascaran el bolsillo y sufragaran parte de los costes.

Finalmente, la obra se estrenó, el dinero llegó a raudales y, aunque Léhar llegó a escribir 15 operetas más, ninguna tuvo un éxito como el de *La viuda alegre*. Actualmente sigue siendo la opereta más representada en todo el mundo.

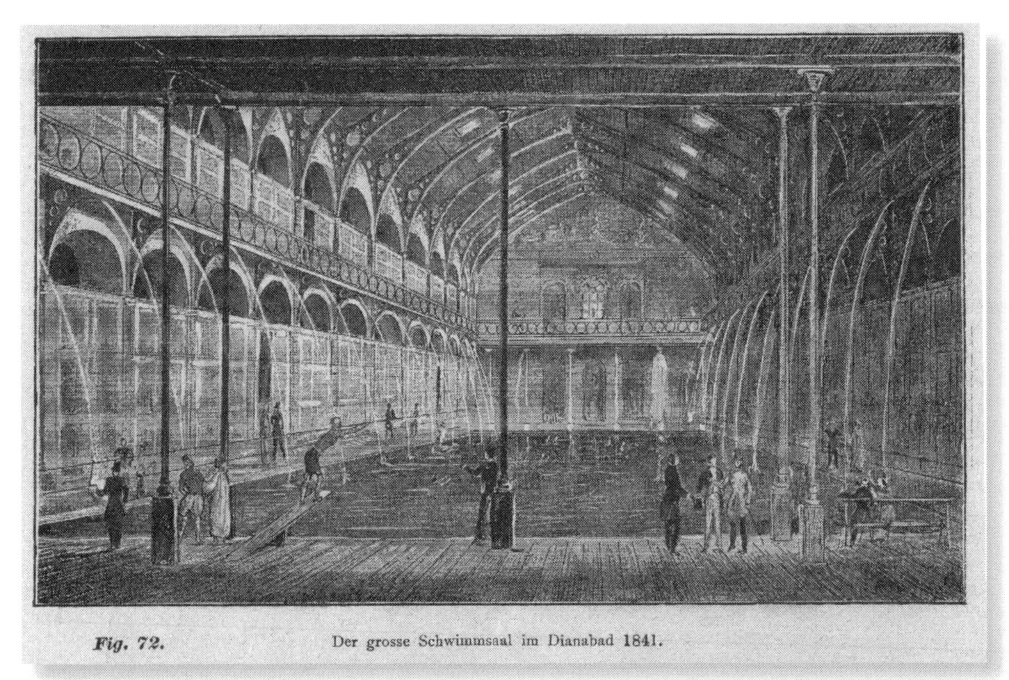

Los Baños de Diana.

Un baño en el Danubio azul

El río que atraviesa Viena es el Danubio, el segundo más largo de Europa (tras el Volga) y uno de los que presenta más anchura en alguno de sus tramos: a su paso por Viena el Danubio llega a tener una distancia entre orillas de 350 metros. Una de las obras más populares de la música clásica se titula *El Danubio azul* (concretamente *An der schönen blauen Donau*, es decir, «En el bello Danubio azul»). Es un vals compuesto por Johann Strauss hijo que se estrenó sobre las aguas del Danubio sin pena ni gloria. Hoy día la melodía de este vals está considerada el himno austríaco no oficial y la obra completa en su versión orquestal (que dura unos diez minutos) es la que cierra el famoso Concierto de Año Nuevo del Musikverein de Viena.

En 1867, el director de la Sociedad Coral Masculina de Viena encargó a Johann Strauss un vals «vivo y alegre» para poderlo cantar con su coro durante los carnavales. Strauss nunca había escrito para coro, así que se puso manos a la obra con mucha motivación y con un texto satírico escrito por el «poeta» oficial del propio coro, el comisario de policía Josef Weyl. La letra en cuestión resultó polémica, ya que estaba llena de críticas al gobierno y a la situación política del momento. Unos meses antes se había producido el desastre militar de Sadowa, donde el ejército austríaco salió derrotado ante el prusiano. El caso es que la moral austríaca estaba por los suelos, la derrota había dejado muy tocado el ánimo vienés y la letra

¡Al diablo con este vals!

Según las crónicas, en aquel estreno del vals de Strauss la acogida por parte del público no pasó de amable, aunque algún periodista ya intuyó que aquella canción podía llegar a ser una *schlager*, una «canción de moda». Después del estreno, el propio Strauss comentó: «¡Al diablo con este vals! Solo lo siento por el final: pensé que gustaría más». Strauss mandó la obra al diablo, pero no del todo: cuando al cabo de unos meses fue a París a tocar con su orquesta a la Exposición Universal, se llevó las partituras del vals en una versión orquestal, sin letra. Esta vez sí que triunfó. Unas semanas más tarde lo interpretó en el Covent Garden de Londres, donde también cosechó un notable éxito.

del comisario Weyl —demasiado mordaz— no gustó a los miembros del coro. Incluso el título olía a chamusquina: el Danubio, a su paso por Viena, nunca ha sido azul, si no tirando a verde y gris. El disgusto fue notable y las quejas sonoras, pero el director del coro siguió adelante con los ensayos para no disgustar a Strauss.

El 13 de febrero se estrenó el vals en el Dianabad Hall, una antigua casa de baños construida sobre el canal del Danubio, reconvertida en sala de baile. Los Baños de Diana habían tenido su época de esplendor a principios del siglo XIX: la burguesía vienesa acudía a este lujoso establecimiento para tomar las aguas del mismo Danubio desviadas por canales hasta las 70 bañeras dispuestas para dicha actividad. Años más tarde el local cerró los baños y se reconvirtió en restaurante con una sala de baile construida sobre las aguas del canal.

Strauss libró la partitura de la versión para piano a la editorial de Carl Anton Spina (antiguo socio y continuador de la firma de Anton Diabelli), que rápidamente amortizó la primera plancha con la impresión de 10.000 ejemplares. Spina grabó una nueva plancha de cobre y también la agotó con 10.000 ejemplares más. El éxito de la obra le obligó a realizar esta operación 100 veces, ya que se llegaron a vender más de un millón de copias de la partitura. En 1889 se escribió una nueva letra para el vals, pero a pesar de ser la que aún se canta hoy día, el éxito indiscutible se logró con la versión instrumental, una versión que incluso hizo bailar a los planetas en la película de Stanley Kubrick *2001: una odisea en el espacio.* 𝄞

París

París es una ciudad musical: entre los teatros de ópera, los auditorios, las salas de cabaret, los locales de jazz, los músicos callejeros, los teatros dedicados a la «chanson» y las innumerables iglesias con órganos magníficos, la música suena a todas horas en París. Ya era una ciudad enamorada de la música hace 350 años, cuando el Rey Sol promovía la música y, sobre todo, la danza. Gracias al mecenazgo de los reyes franceses y al gusto musical de la nobleza, la lista de compositores relevantes que vivieron en París —franceses y foráncos— es impresionante. Ahí van solamente veinte: Lully, Cherubini, Mozart, Chopin, Liszt, Berlioz, Bizet, Offenbach, Saint-Saëns, Rossini, Wagner, Verdi, Debussy, Stravinsky, Fauré, Ravel, Falla, Albéniz, Granados y Prokofiev.

Nuestra visita musical por la ciudad del Sena nos llevará a subir a la Torre Eiffel mientras escuchamos a Pavarotti, a disfrutar del lujo real del palacio de Versalles, a recordar el incendio de la catedral de Nôtre Dame y la milagrosa salvación de su monumental órgano, y a visitar los grandes teatros de ópera de la ciudad. También acompañaremos a Mozart en el entierro de su madre, escucharemos el instrumento de cuerda más grande que jamás se haya construido y asistiremos al escandaloso concierto protagonizado por Stravinsky que cambió la historia de la música clásica.

Se dice que, para poder acceder al trono de Francia, Enrique IV abjuró del protestantismo y se convirtió al catolicismo con la frase «París bien vale una misa». En el mundo de la música clásica también algunos compositores han «abjurado» de sus principios para ganarse el favor del público parisino… pero no siempre la cosa ha salido bien: Mozart lo intentó, pero finalmente tuvo que marcharse, y Wagner cedió lo indecible para estrenar allí una ópera, pero el boicot al que fue sometido le hizo abandonar la ciudad con el rabo entre las piernas. Triunfar en París no es fácil, pero cuando se consigue, el honor y la gloria son para siempre.

El Rey Sol y los bailes en Versalles

Versalles está a 30 minutos del centro de París y si nuestra visita a la capital está guiada por la música, no podemos dejar de visitar el palacio de los reyes de Francia donde la música fue protagonista durante dos siglos. El Rey Sol, Luís XIV (1638 1715), reinó desde los 4 años hasta los 77. Fue un apasionado de la danza, debutó como bailarín a los 12 años y, desde los 15, se le conoció como «Rey Sol» por su actuación interpretando el papel de Apolo, dios del Sol (aunque su régimen de monarquía absolutista contribuyó a que el apodo perdurara). A los 23 años ya era un bailarín excelente, pero entonces empezó a reinar de verdad y, como consecuencia, a bailar cada vez menos. Lo primero que hizo como rey fue crear la Academia Real de Danza (1661) y le encargó a su maestro, Pierre Beauchamps, que ideara un método para fijar por escrito las coreografías de todas las danzas que se bailaban en la corte de Versalles. Beauchamps fue el creador de las famosas cinco posiciones básicas que hoy en día se estudian en las escuelas de ballet clásico.

Las fiestas, conciertos y bailes que se organizaban en el palacio no solamente eran un signo de cultura y refinamiento si no también una ostentación de poder. Era en estos

Luix XIV, el Rey Sol.

El estado soy yo

La famosa frase de Luís XIV «El estado soy yo» resume su forma de reinar basada en un absolutismo sin paliativos (es decir, sin parlamento) y unos principios muy claros: simetría, orden, equilibrio, claridad y armonía. Estos valores debían ser los pilares de cualquier manifestación artística, desde la arquitectura hasta la música y, por supuesto, el ballet. Justamente hizo construir el Palacio de Versalles bajo estos parámetros y no es de extrañar que quisiera aplicarlos también a la hora de bailar el minué, el rigodón, la gavota o la forlana.

El Palacio de Versalles, construido por Luis XIV.

actos (que podían durar diversos días) donde se mostraba la *grandeur* de la realeza en todo su esplendor. Luis XIV siguió bailando hasta los 30 años, pero a partir de ese momento se «retiró» para dejar paso a los bailarines profesionales. Y justo entonces, cuando se convirtió en mero espectador, empezó a aburrirse. Su compositor preferido, Jean Baptiste Lully, lo notó enseguida y temió por su puesto de trabajo: si su amo se aburría con el ballet, pronto dejaría de encargarle música. Así que, formando tándem con el dramaturgo Molière, crearon un nuevo tipo de espectáculo: una mezcla entre teatro, música y ballet. Lo llamaron *comédie-ballet* y durante años fue el género musical teatral más exitoso de París. Crearon once obras que hicieron furor entre la nobleza, con títulos como *El siciliano*, *Los amantes magníficos* o *El burgués gentilhombre*.

Un buen día, Lully pidió al rey que le otorgara los derechos de representación de estas obras, de manera que nadie podría exhibirlas sin su consentimiento y así podría cobrar sus «derechos de autor» (un concepto que en aquella época aún no existía). El caso es que el rey accedió y Molière, que quedó al margen del trato, se enfadó. Lo primero que hizo el dramaturgo fue encargar una nueva música para *El burgués gentilhombre* a un joven músico parisino llamado Marc Antoine Charpentier y así poder representar la obra sin tener que pedir permiso a Lully. Desde ese momento, Molière y Lully dejaron de trabajar juntos y el nuevo tándem de éxito fue Molière-Charpentier: llegaron a estrenar seis comedias entre las cuales *El enfermo imaginario*. Una de las obras de la música clásica más conocidas en Europa es un fragmento del Te Deum de Charpentier: es la sintonía de los programas que emite Eurovisión.

Después de los «divertimentos» con Molière, Lully se dedicó completamente a la composición de óperas. Las llamó *tragédies-lyriques*, que queda más francés, y llegó a estrenar una docena en Versalles y en el teatro del Palacio Real de París. Dejó a medias la última de ellas, *Achille et Polyxène*, ya que murió antes de acabarla. Su muerte podría clasificarse como accidente laboral: estaba dirigiendo un concierto cuando, por mala suerte, la vara con la que llevaba el compás dando golpes en el suelo (un pesado bastón de más de metro y medio de altura) impactó con su pie y le produjo una fea herida. A los pocos días se gangrenó y la única cura posible era la amputación. Lully, que también había sido un buen bailarín, se negó a tal intervención y murió a las pocas semanas.

Stravinsky en el Teatro de los Campos Elíseos

En París hay diversos auditorios dedicados a la música clásica. El más moderno es el del complejo de la Cité de la Musique llamado Philharmonie de Paris. Tiene 2.400 localidades y es una auténtica maravilla.

Igor Stravinsky.

Quizás el auditorio con más solera de París sea la Sala Pleyel, del que hablaremos más adelante en el capítulo dedicado a uno de los mejores pianistas que actuó en él: Frederick Chopin. En París, el escenario más reputado dedicado a la música de cámara es la Sala Gaveau, construida en 1907 por un fabricante de pianos: sus 1.000 localidades se llenaban rápidamente con recitales de músicos como Claude Debussy, Pau Casals o Eugène Ysaye.

Otro gran templo de la clásica en París es el Teatro del Châtelet, inaugurado en 1862. En su fachada pueden leerse los tipos de espectáculos para los que fue diseñado (danza, ópera, festivales, música, drama, tragedia, comedia, vodevil y pantomima) aunque también se han celebrado en él todo tipo de espectáculos, cine incluido, y durante unos años se le llamó Teatro Musical de París. En el Châtelet se estrenaron ballets indispensables, como *Preludio a la siesta de un fauno* de Debussy, *Daphis et Chloe* de Ravel o *Petrouchka* de Igor Stravinsky.

Pero si mencionamos a Igor Stravinsky, es obligado que nos detengamos un momento. Este compositor ruso revolucionó el mundo de la música y de la danza en solamente tres años. Y lo hizo desde París. En 1909 se había instalado en la capital francesa la compañía de danza «Los Ballets Rusos», dirigida por Sergei Diaghilev. Sus espectáculos eren muy apreciados por el público francés, que adoraba el talento y la belleza de sus propuestas, pero también la capacidad de la compañía rusa por sorprender al público con innovaciones y, a veces, con provocaciones. De la parte musical se encargaban compositores muy diversos, algunos rusos (Moussorgsky, o Rimsky-Korsakov) y otros franceses (Ravel, Debussy o Fauré). Stravinsky compuso tres de estos ballets que pronto fueron considerados obras maestras: *El pájaro de fuego* (1910), *Petroushka* (1911) y *La consagración de la primavera* (1913).

El estreno de *La consagración de la primavera* está considerado el más polémico que se ha vivido en París y nadie duda de que cambió por completo el mundo de la música clásica. Los hechos ocurrieron en el Teatro de los Campos Elíseos el 29 de mayo de 1913. Dicho teatro se había inaugurado unas semanas antes y el público parisino tenía muchas ganas de verlo. Además, las obras de Stravinsky estrenadas en París en las temporadas anteriores habían sido un éxito. Otro elemento que motivó al público a comprar la entrada para aquel día fue que el bailarín principal era Vaslav Nijinsky, que un año antes había escandalizado al público francés con sus movimientos «eróticos, provocativos y masturbatorios» (según la prensa) en el estreno de *Preludio a la siesta de un fauno*.

La Philharmonie de París.

Todo estaba servido para una nueva noche épica en París, se llenaron las 1.900 localidades, pero la cosa se torció desde el inicio. Stravinsky había escrito una música brutal, enérgica y visceral para narrar un ritual pagano, inspirado en antiguas tradiciones ancestrales, en el que un grupo de hombres y mujeres bailan y ofrecen el sacrificio de una joven que bailará frenéticamente hasta la muerte. En primer lugar, los espectadores se sorprendieron ante el sonido de la orquesta: aquello sonaba extraño, diferente, y es que Stravinsky exigía a los instrumentos sonoridades extremas que nunca antes se habían oído. Ante el primer solo de fagot, haciendo notas en el registro sobreagudo, el compositor Saint-Säens, que estaba entre el público, comentó: «¡Si eso es un fagot, yo soy un babuino!». Al aparecer el cuerpo de baile sobre el escenario, el escándalo se desató: en lugar de bailar buscando el aire y haciendo los famosos saltos marca «Nijinsky», los bailarines se arrastraban, se movían de forma extraña y pronto aparecieron las quejas entre el público. Para contrarrestarlas, otra parte del público empezó a aplaudir. A mitad de la obra, los silbidos, abucheos y aplausos se oían más que lo propia música. Una parte del público llegó a las manos, la policía intervino echando fuera del recinto a docenas de personas. La obra llegó al final, pero la batalla campal ya estaba desatada. Puccini, otro de los compositores famosos allí presentes, escribió: «Hay notable talento, pero en conjunto es obra de un loco». Debussy se lo tomó con buen humor: «Más que una primavera sagrada ha resultado una primavera masacrada».

A pesar del escándalo, pronto se hicieron nuevas interpretaciones de la versión sinfónica (sin ballet) en Inglaterra, Alemania y Estados Unidos.

Fantasía de Walt Disney

En 1940, Walt Disney utilizó esta música telúrica para uno de los capítulos de su película *Fantasía*, cambiando la historia original de la Rusia pagana por una explicación un tanto *sui generis* del inicio de la vida en la Tierra con dinosaurios incluidos. Preguntado al respecto, Stravinsky declaró que la inclusión de su música en la película había sido «terrible», lo consideró una «imbecilidad» y tachó la interpretación de «execrable».

Al lado mismo del Centro Pompidou podemos visitar la Fuente de Stravinsky, una fuente monumental con 16 esculturas llenas de color inspiradas en la música del compositor ruso: una serpiente, una clave de Sol, el pájaro de fuego, una sirena, un ruiseñor, uno labios gigantes... Fue inaugurada en 1983 y sus esculturas mecánicas se mueven con la fuerza del agua.

La Ópera de París y el fracaso de Wagner

El edificio de la Ópera de París se inauguró en 1875 y también se conoce con el nombre de Ópera Garnier en honor a Charles Garnier, el arquitecto que lo diseñó. La compañía que lo ocupa (la Ópera Nacional de París) compagina sus espectáculos de ópera y de ballet en este palacio histórico de 2.200 localidades y en la Ópera de la Bastilla, un moderno edificio de 2.700 butacas inaugurado en 1989.

La Ópera de París sirvió de inspiración al novelista Gastón Leroux para escribir su obra *El fantasma de la ópera* y situar la acción en unos túneles misteriosos bajo el edificio en los que vive el «fantasma» en cuestión. La obra ha dado lugar a numerosas adaptaciones, aunque la más exitosa es el musical de Andrew Lloyd Weber estrenado en Londres en 1986: actualmente ocupa el tercer puesto de los musicales con mayor permanencia en cartel del West End y el primer lugar en Broadway.

Este inmenso palacio operístico alberga una de las joyas más preciadas de la música francesa: la Biblioteca-Museo de la Ópera. Se trata de uno de los centros de estudio más importantes del mundo por la cantidad de material que conserva relacionado con la historia de la ópera y del ballet, además de otras artes escénicas como el circo o el mimo: carteles, documentos, programas, dibujos, grabados, diseños de decorados, críticas, contratos, etc.

La Ópera de París.

La decisión de construir un nuevo teatro fue de Napoleón III, que quería un lugar más seguro y abierto después de haber sobrevivido a un atentado. El 14 de enero de 1858 el emperador y su esposa se dirigían hacia el teatro que por entonces de hallaba en la Rue Le Peletier, cuando el tristemente famoso Felice Orsini y sus cómplices hicieron estallar tres bombas de mano (las también tristemente famosas bombas «orsini») al paso de la comitiva con el resultado de ocho muertos y más de cien heridos. El emperador y la emperatriz salieron ilesos.

Rossini vivía en París desde 1830, retirado de la composición y dedicado por completo a la gastronomía. Guillermo Tell había sido

Otra Orsini en el Liceo

Orsini fue detenido y, dos meses después, guillotinado, lo que no impidió que su modelo de bomba fuera copiado por otros terroristas, como el anarquista que hizo estallar una «orsini» en el Gran Teatro del Liceo de Barcelona en 1893 con el resultado de 20 muertos. Se da el caso de que, en ambos atentados, la ópera que se representaba era *Guillermo Tell* de Rossini.

su última ópera y con ella había conseguido una pensión vitalicia del gobierno francés. Desde entonces se dedicaba a gestionar su fortuna —ejerciendo incluso de prestamista— y a cocinar: la receta de los canelones con trufa es suya. Su casa era un centro de reunión social y sus opiniones eran muy respetadas. Por su carácter afable y chistoso, se atribuían a Rossini todas las ocurrencias más o menos graciosas sobre la actualidad musical. Por ejemplo, se decía que preparaba un delicioso plato bautizado como «pescado a la alemana» en el que solamente había salsa sin ningún tipo de pescado ya que, según él, era «como la música alemana de Wagner: música sin melodía». O que decía: «¿Por qué hay que leer la partitura de *Tannhäuser* del revés? Porque del derecho no se entiende nada». Cuando a principios de 1861 Rossini y Wagner se conocieron en París, el italiano le aseguró que todas esas sandeces que le atribuían eran falsas y que él jamás le había criticado.

Durante el siglo XIX la burguesía parisina gustaba de ir a la ópera a lucir sus trajes y sus joyas, pero lo que más les gustaba era el ballet. Así que, cuando había ópera en cartel, se obligaba al autor a poner un ballet al inicio del tercer acto, así los señores podían ir a cenar tranquilamente al Jockey Club o picotear algo en el antepalco y, hacia las diez de la noche, sentarse en sus butacas a disfrutar del ballet y, sobre todo, de las bailarinas. Para ellos, la ópera era un mero entretenimiento mientras que, para Richard Wagner, el nuevo gurú de la ópera en Europa, la ópera era el arte total.

Este panorama social era el que encontró Wagner en París cuando, por encargo de Napoleón III, preparó el estreno de su ópera *Tannhäuser* en la capital francesa. Poner una escena de ballet en medio de aquella ópera era absolutamente impensable, pero Wagner finalmente claudicó y aceptó poner un ballet como inicio de la ópera, justo después de la interpretación de la obertura. Aquel 13 de marzo de 1861, cuando los caballeros se sentaron a contemplar las piernas de las bailarinas, éstas ya habían actuado hacía hora y media. El descontento fue mayúsculo y empezaron a silbar, a gritar y a burlarse de la obra. El boicot fue tremendo y la obra se representó solamente dos días más. En la tercera representación el tumulto llegó a tapar el sonido de la orquesta. Wagner había vivido en París unos años antes, durante los que escribió sus óperas *Rienzi* y *El holandés herrante*. Pero después del episodio de *Tannhäuser* nunca regresó a la capital francesa.

Tres tenores en la Torre Eiffel

El ingeniero Gustave Eiffel erigió el monumento más alto del mundo para la Exposición Universal de 1889. Sus 300 metros de altura y su estructura metálica atrajeron a miles de visitantes, a pesar de que inicialmente había recibido muchas críticas por haber levantado aquel «engendro de hierro». Con los años, la Torre Eiffel se ha convertido en el símbolo de París y a sus pies, en la extensa explanada del Champ-de-Mars, se han celebrado innumerables actos con la música como protagonista.

Al pie de la torre, en dirección opuesta al Sena, se extiende una zona con seis lenguas de césped que llega hasta la Academia Militar. Este enorme espacio abierto ha llegado a acoger a más de un millón de espectadores en conciertos como el que dio Jean Michel Jarre el 14 de julio de 1995 para celebrar el 50 aniversario de la UNESCO (el récord mundial de espectadores en un concierto lo tiene el propio Jarre por un concierto ante más de tres millones de personas en Moscú). Otro de los superconciertos recordados en el Campo de Marte lo protagonizó en el año 2000 el mito del rock francés Johnny

Un debate abierto

El éxito comercial de Los tres tenores, a pesar de las numerosas críticas que recibieron por rebajar el nivel de calidad de sus interpretaciones o por convertir los fragmentos de ópera en protagonistas de una especie de *performance* para masas. El debate de si con este proyecto consiguieron acercar o no la ópera al gran público sigue abierto.

Los tres tenores: Plácido Domingo, Josep Carreras y Luciano Pavarotti.

Hallyday: llegó a congregar cerca de un millón de fans. Cuando Hallyday murió, en 2017, se proyectó sobre la Torre Eiffel la frase «Merci, Johnny».

En este vasto espacio se han celebrado también conciertos de música clásica entre los que destaca el protagonizado por los tres tenores Plácido Domingo, Josep Carreras y Luciano Pavarotti. El espectáculo llamado «Los tres tenores» fue un proyecto que se llevó a cabo entre 1990 y 2003 y que llegó a celebrar 34 conciertos por todo el mundo, siempre en lugares con gran aforo: estadios de fútbol, de béisbol o parques públicos como el de París. Los tres tenores en cuestión ofrecían arias de ópera y canciones populares acompañados por una gran orquesta.

El concierto de Los tres tenores en París se celebró el 10 de julio de 1998 y coincidió con la clausura del Mundial de Fútbol, tal como ya habían hecho anteriormente actuando en las clausuras de los Mundiales de Italia (1990) y Los Angeles (1994). En esta ocasión estuvieron acompañados por la Orquesta y Coro de París (más de 160 músicos) dirigidos por James Levine. Acudieron cientos de miles de personas a presenciar el espectáculo en directo —con el apoyo de seis pantallas gigantes— y se retransmitió por televisión a 75 países de todo el mundo con un seguimiento estimado de dos mil millones de telespectadores (en España lo retransmitió Antena 3 y lo comentó la periodista Olga Viza). La grabación del concierto se comercializó en CD y en DVD, llegando a obtener Discos de Oro en Francia, Austria, Suiza y Estados Unidos.

Aquel concierto fue el decimoctavo celebrado por los tres artistas conjuntamente. El primero había sido en Roma en 1990 y, posteriormente, ya habían actuado en Mónaco, Londres, Viena, Vancouver, Miami, Melbourne, Tokyo, Barcelona o Madrid. Después de París actuarían en ciudades como Pretoria, Detroit, Las Vegas, Sao Paulo, Pekín o Seúl hasta su último concierto en Columbia, Estados Unidos, en septiembre de 2003.

El incendio de Notre Dame y el órgano que se salvó

El 15 de abril de 2019 se incendió la catedral de Notre Dame, la iglesia más emblemática de París y la más visitada desde que, en 1831, Victor Hugo publicó la novela *Nuestra Señora de París* protagonizada por la gitana Esmeralda y el jorobado Quasimodo. La aguja central de 96 metros de altura se desmoronó sobre el tejado en una trágica secuencia que quedó

Notre Dame en llamas.

grabada en la retina de cuantos vieron las imágenes por televisión. El incendio tardó más de nueve horas en estar controlado y al día siguiente el representante del ayuntamiento de París, en rueda de prensa, dijo: «No sufráis. El órgano está intacto».

Se refería al órgano monumental situado entre las dos torres de la fachada principal, aquel que muchos visitantes solamente veían cuando ya salían del edificio porque, tal como iban entrando a la catedral, el órgano quedaba a su espalda. Bueno: hablemos en presente ya que el órgano, por clemencia de las llamas, sigue en su sitio. Cuando lo ves, te quedas atrapado: es absolutamente espectacular, enorme, imponente. En Francia hay unos 25 órganos catalogados como «monumento histórico» y los tres más grandes están, cómo no, en París: el de Saint-Eustache (el más grande), el de Notre Dame y el de Saint Suplice.

El órgano de Notre Dame salvado del fuego milagrosamente tiene cerca de 8.000 tubos: una gran parte del mismo es moderna, pero conserva la estructura original de hace 150 años e incluso algunos tubos de la época. Ha sido restaurado y ampliado en diversas ocasiones y cuenta con un ordenador en la consola de cinco teclados. Después de sobrevivir al fuego se ha desmontado pieza a pieza, se ha limpiado de ceniza y se prevé que vuelva a sonar en 2024, coincidiendo con el quinto aniversario del incendio.

El milagro musical no pudo salvar los otros dos órganos que había en la catedral: uno del siglo XIX, de unos 2.000 tubos (el más utilizado en el día a día de la vida litúrgica de la catedral), y un pequeño órgano positivo transportable. Lo que sí se salvó fue el archivo histórico de partituras, ya que no se conservan en el edificio si no en archivos protegidos con sistemas antiincendio, antihumedad, antiinsectos y antisaqueos. El estudio de estas partituras antiquísimas (algunas tienen 800 años) es el que nos permite saber (o intuir) cómo sonaba la música medieval.

Cuando se empezó a construir Notre Dame, en el año 1163, la música se escribía de un modo incipiente y los primeros cantores de la catedral (primero Léonin y después Pérotin) nos dejaron buenas muestras de ello, ya que no tuvieron suficiente con la monodia dominante hasta el momento (todas las voces cantaban exactamente lo mismo) sino que empezaron a investigar con la polifonía, el arte de superponer diferentes voces. Gracias a la escritura que permitía fijar las ideas musicales fueron creando las primeras obras del archivo de la catedral, hicieron copias, las distribuyeron por Europa y consiguieron que en todas partes se hablase de La escuela de Notre Dame. El prestigio de la música sacra hecha en París perduró durante siglos y llegó a tal complejidad que se consideró uno de los referentes de la llamada Ars Antiqua. Pero todo evoluciona y la música medieval también: desde Notre Dame, ya en el siglo XIV, se impulsó el Ars Nova, con autores como de Vitry y Guillaume de Machaud, y se creó la figura del «organista titular».

A pesar de que la Revolución francesa respetó el órgano de la catedral (convertida durante unos años en «templo teofilantrópico dedicado a la razón»), este tuvo que ser restaurado y fue reinaugurado en 1868, con un concierto en el que tocaron César Frank y Camille Saint-Saëns. A principios del siglo XX fueron invitados a tocarlo artistas como Gabriel Fauré, Nikolaï Rimski-Korsakov o el catalán Enric Granados.

Notre Dame es un templo lleno de música por los cuatro costados: solamente hemos hablado del gran órgano, pero podríamos hablar también del coro de voces blancas que existe en la catedral (con siglos de historia), del pequeño órgano con su propio organista titular que se ocupa de los oficios diarios, de los ciclos de conciertos que se celebran, de los discos que se gravan en Notre Dame, de la coordinación entre organistas, directores de coro, maestros de capilla y campaneros, o de las 16 campanas que hay en diferentes lugares de la catedral. Tres de ellas habrá que hacerlas de nuevo,

Una plaza muy prestigiosa

A partir de 1625 se empezó a cubrir la plaza de organista a través de un concurso público muy exigente. A mediados del siglo XVIII el prestigio del organista de Notre Dame era ya tan grande que se le requería para tocar en otras iglesias de la ciudad e incluso en otras localidades, provocando que a veces se desatendieran sus funciones en la catedral. Esta situación obligó a instaurar un sistema de titularidad por trimestres y se nombraron cuatro organistas que se repartían el año litúrgico y así podían compaginar su trabajo en Notre Dame con otras responsabilidades.

ya que estaban en la aguja central que se quemó y quedaron totalmente fundidas. Las dos campanas más graves situadas en la torre sur resultaron intactas: la mayor se llama Emmanuel, da un Fa sostenido y solamente su badajo pesa 500 Kg. Es la única que no fue fundida durante la Revolución francesa ya que sus trece toneladas impidieron que fuera sacada de su ubicación. Allí sigue, noblemente colgada, escuchando la música de Notre Dame desde 1681.

Carmen en la Opéra-Comique

El edificio de la Opéra-Comique, también llamado Sala Favart, se construyó en 1783 y ha sufrido dos incendios que lo han destruido casi por completo, pero se ha vuelto a reconstruir en ambas ocasiones. El primer incendio fue en 1838 y el segundo en 1887. Después de diversos cierres y diversos usos, el teatro vuelve a ser hoy día uno de los mejores escenarios operísticos del país. Se llama «Favart» en honor a Charles-Simon Favart, el escritor de óperas cómicas más famoso del siglo XVIII. No deja de ser curioso que el teatro esté ubicado en la Plaza Boieldieu, bautizada así en honor del compositor de óperas cómicas François-Adrien Boieldieu, el gran competidor de Favart.

En este edificio se han estrenado óperas muy relevantes, como *La fille du regiment de Donizetti* (que contiene la famosa aria de tenor con nueve Do de pecho), *La damnación de Fausto* de Berlioz, Manon de Massenet o *La voix humaine* de Poulenc. Pero sin duda, la que mayor éxito ha cosechado ha sido *Carmen* de Bizet.

George Bizet tenía claro que su objetivo era triunfar como compositor de óperas y para ello trabajó en diversos proyectos, pero el éxito que él so-

George Bizet.

ñaba no le llegó ni con la ópera *Los pescadores de perlas* ni con *La bella muchacha de Perth*. Asistió al polémico estreno de Tannhäuser de Wagner en París en 1861 y cambió por completo su opinión sobre él: hasta ese momento lo había tachado de excéntrico, pero al escuchar su música en vivo (a pesar del escándalo que se produjo en aquella representación) Bizet lo consideró desde ese momento «más allá de cualquiera de los compositores vivos».

En 1869 Bizet se casó con Geneviève Halévy, hija de su profesor de composición del Conservatorio de París. Al principio el matrimonio fue feliz (a pesar de la documentada relación de amor-odio con la suegra) y tuvieron un hijo. Bizet empezó a trabajar en seis proyectos operísticos, pero ninguno llegó a buen puerto. Poco después cosechó su primer éxito con la música incidental que escribió para la obra de teatro *La arlesiana*. Pero Bizet era tenaz e insistió con una nueva ópera, en este caso con un argumento provocativo sobre una mujer liberada que acaba asesinada en manos de su celoso amante.

El público la recibió con educación, pero muy lejos del éxito que Bizet siempre había estado esperando. El autor declaró: «preveo un fracaso definitivo y sin remedio», sin sospechar que unos años después sería la ópera francesa más interpretada a nivel mundial.

Deprimido y enfermo, Bizet se retiró a su casa de veraneo, donde sufrió un infarto y complicacio-

La encarnación del vicio

La historia de Carmen, situada en una Sevilla llena de tópicos hispánicos, toros y gitanos, se estrenó en la Opéra-Comique el 3 de marzo de 1875, después de haberse pospuesto su estreno en diversas ocasiones por ser considerada «inadecuada» por parte de algunos miembros de la dirección del teatro que veían en la heroína de la historia una mujer inmoral. La versión original de la ópera superaba las cuatro horas de duración y una parte de la crítica la consideró «la encarnación del vicio».

nes con sus continuas afecciones de garganta. No consiguió animarlo ni la mezzosoprano que protagonizó la primera Carmen (Célestine Galli-Marié) de la que se decía que tenía un romance con el compositor. Bizet murió repentinamente el 5 de junio y, al llegar la noticia al teatro, Célestine se encerró en su camerino y anunció que aquella noche no podría cantar. La función se canceló.

El caso es que tres meses después de su estreno *Carmen* se seguía representando: no era un gran éxito, ni mucho menos, pero se vendían entradas para cada representación. El teatro, que había previsto retirarla de cartel después de la quinta noche, llegó a celebrar 48 funciones. Después de la muerte del autor diversos directores de orquesta armados con tijeras musicales recortaron fragmentos de la partitura, suprimieron los fragmentos hablados con la intención de «mejorarla» o, por lo menos, de hacerla más atractiva para el gran público. El caso es que poco a poco fue ganando popularidad hasta convertirse en lo que es hoy: la única ópera francesa en el Top 10 de las obras líricas más interpretadas del mundo.

La Academia Real y la querella de los bufones

Empezábamos este capítulo dedicado a París hablando del Rey Sol, pero no habíamos mencionado otra de sus trascendentales decisiones en el campo del arte: si en 1661 ya había creado la Academia Real de Danza, ocho años después creó la Academia Real de Música. Esta institución, dedicada a fomentar la ópera francesa, nació gracias a la insistencia de uno de los ministros más influyentes de Luis XIV: Jean Baptiste Colbert. Fue Secretario de Estado y responsable de la aplicación del «Código negro», una ley que regulaba el esclavismo en las colonias francesas. También fue responsable de la creación de una flota de guerra de más de 270 barcos. Y mientras aseguraba la mano de obra barata en la explotación de las colonias y las defendía con un arsenal de guerra moderno, apoyó las artes y las ciencias con la creación de la Academia de Ciencias, la de Arquitectura, el Observatorio de París y la mencionada Academia Real de Música en 1669.

En sus inicios estuvo dirigida por los compositores Pierre Perrin y Robert Cambert, pioneros de la ópera en Francia (y en francés). Obtuvieron el privilegio de ser la única institución que podía representar óperas: quien quisiera producir una ópera en cualquier ciudad del país tenía que pedirles permiso. Por contra, no recibían ninguna subvención real: tenían que

Jean Baptiste Colbert.

gestionar el teatro con los ingresos por la venta de entradas. Pronto se llenaron de deudas e incluso llegaron a ser encarcelados por este motivo. Traspasaron la gestión a Jean Baptiste Lully, el compositor de cámara del rey, que a partir de ese momento se hizo amo y señor de la ópera en Francia hasta su muerte en 1687. La Academia Real de Música es una de las instituciones musicales más antiguas de Europa: ha ido cambiando de nombre y aún sigue activa bajo el nombre de Ópera Nacional de París.

Desde 1752 a 1754 la Academia fue testigo de la famosa «querella de los bufones», una discusión artística que derivó en una disputa política que enfrentó por una parte a los defensores de la música francesa (conocidos como «la esquina del rey» y encabezados por el compositor Jean Phillipe Rameau) y por otra a los partidarios de incorporar elementos de la ópera italiana («la esquina de la reina», con el filósofo Jean Jacques Rousseau al frente). En definitiva, se trató de un enfrentamiento que iba mucho más allá de la música y en el que se dirimían cuestiones relacionadas con la tradición frente a la modernidad o entre el conservadurismo y el progresismo con toques nacionalistas de por medio.

La cosa empezó cuando una compañía italiana que estaba de paso por París representó la ópera buffa *La serva padrona* de Pergolessi en el teatro de la Academia. Las críticas fueron notables, ya que en la Academia todo lo cómico y humorístico estaba mal visto: aquel era un lugar serio donde se representaban las autóctonas tragedies-lyriques, *obras serias repletas de personajes del Olimpo. Pero p*arte del público estaba encantada con el nuevo género que llegaba de Italia: obras llenas de buen humor, simpáticas, frescas, muy próximas a las mascaradas y al teatro cómico, pero con la elegancia de la música operística.

La compañía italiana tenía previsto actuar dos meses pero fue prorrogando su contrato durante año y medio y llegó a presentar doce óperas. El caso es que durante ese tiempo París se llenó de panfletos, artículos, conferencias y debates sobre la bondad de la ópera francesa por una parte o de la italiana por la otra. La francesa era símbolo de la razón y despreciaba lo cómico, mientras que la italiana buscaba la emoción y la espontaneidad. Rousseau publicó un famoso artículo en el que decía que la lengua francesa no era apta para ser cantada con la belleza que permitía la lengua italiana. Por la parte contraria, se defendían la unidad de Francia y su historia como garantes del nivel de cultura y refinamiento al que había llegado la ópera francesa.

A pesar de la distancia entre las dos posiciones, la sangre no llegó al río, pero la «querella» sirvió para dinamizar la estancada vida musical de la ciudad. No era ningún secreto que la idea de fondo nada tenía que ver con la música: se trataba de poner en cuestión los valores del régimen absolutista. El resultado fue la apertura de la música francesa a elementos italianizantes, más desenfadados y con una intención más evidente de querer conectar con el público. En 1753 se representó *Les troqueurs*, una ópera cómica inspirada en una fábula de La Fontaine, y se presentó al autor como «un italiano que sabe francés». La obra tuvo un éxito sin precedentes y los «buffonistas» se mostraron encantados: aquel era el camino a seguir y, naturalmente, solo podía haber escrito aquella maravilla un músico italiano. Después de varias representaciones se supo que el autor era Antoine Dauvergne, violinista y director de la orquesta de la Académie Royal y que unos años después acabaría siendo el compositor de cámara del rey e incluso director general de la Académie Royal de Musique. Parece que la querella, finalmente, se decantó por la parte buffonista.

Setas venenosas y un entierro en Saint Eustache

Mozart estuvo en París en tres ocasiones. La primera, a los 7 años, la segunda a los 10 y la tercera, a los 22. Las dos primeras se enmarcan en el fabuloso viaje que organizó Leopold Mozart (el padre de Wolfgang Amadeus) por toda Europa para dar a conocer las virtudes musicales de sus hijos prodigiosos: Wolfgang y su hermana Nannerl (cinco años mayor). Partieron de Salzburgo en 1763 y regresaron en 1766: tres años y cuatro

Madame Pompadour.

meses después. En un capítulo anterior hemos detallado cómo eran las actuaciones de los niños Mozart en palacios y casas nobles, fruto del deber que, según Leopold, «Dios me ha encomendado de dar a conocer estos prodigios a toda la humanidad». El viaje de ida les llevó por las principales ciudades de Alemania, Países Bajos, el norte de Francia e Inglaterra. En Londres estuvieron 14 meses y emprendieron el viaje de regreso vía Países Bajos, el centro de Francia y Suiza.

Los Mozart llegaron a París por primera vez a finales de 1763 e intentaron dar un concierto en la corte de Versalles de Luis XV, pero no consta que lo consiguieran. Visitaron a la famosa Madame Pompadour y es posible que dieran algún que otro concierto privado en la corte, pero no hay documentación de ello. Durante los cinco meses que estuvieron en París, la familia Mozart se alojó en unas habitaciones del edificio que actualmente acoge la Corte de Apelación de París (Hotel Beauvais), en el número 68 de la calle François Miron, entre la famosa Place des Voges y la Iglesia de Saint Gervais. En aquellos momentos este palacio era la residencia del

Una cena indigesta

Schobert siguió trabajando en París como compositor de cámara del príncipe Conti hasta que un día de 1767 salió a pasear por Le Pré Saint-Gervaise —a poco más de 5 kilómetros de París— y pasó la tarde buscando setas. Con el capazo lleno, se dirigió a una posada y pidió al dueño que le cocinara las setas. Este se negó, y le dijo que la mitad de ellas eran venenosas. Schobert discutió y se enfadó con el cocinero. Subió de nuevo a su carruaje y emprendió el regreso a París. De camino, pasó a buscar a un amigo suyo médico que le aseguró que las setas eran preciosas y, seguramente, sabrosas. Juntos fueron a casa de Schobert donde su cocinera preparó las setas. Cenaron acompañándolas de un buen vino y al día siguiente aparecieron muertos Schobert, su mujer, uno de sus dos hijos, el amigo médico y, según algunas crónicas, también la cocinera.

embajador de Baviera, que estaba casado con la hija del primer canciller de Salzburgo. Este contacto de primer nivel permitió a la familia Mozart vivir en buenas condiciones en la capital francesa, disfrutando incluso del clavicémbalo del palacio, tal como consta en las cartas que Leopold iba mandando a sus protectores en Salzburgo.

Pronto conocieron a uno de los nobles más importantes de París: el principal opositor del rey de Francia, su primo el príncipe Conti (Louis François I de Borbón). Este personaje, gran militar y con una enorme influencia en el Parlamento, les acogió con los brazos abiertos. En la corte del príncipe conocieron a su compositor de cámara, el alemán Johann Schobert (no confundir con Schubert, compositor austríaco que no nacería hasta 30 años más tarde).

Schobert era un gran intérprete de clavicémbalo y sus obras gozaban de un gran éxito entre la nobleza parisina. Escribió varias sonatas para clave «con acompañamiento de violín» que impactaron por la novedad de la propuesta, ya que el instrumento de arco solamente daba unos toques de color pero no llevaba la melodía principal. El pequeño Mozart, que por entonces solamente tenía 7 años, fue animado por su padre a componer una serie de sonatas «al estilo de Schobert» que se publicaron en París, siendo estas las primeras obras impresas del niño prodigio.

Para completar este luctuoso capítulo, nos situaremos en el tercer viaje de Mozart a París. En esta ocasión ya hablamos de un joven músico hecho y derecho que visita la capital a los 22 años para conseguir una oferta laboral digna. Él y su madre se instalaron en el número 8 de la calle Du Sentier (también aquí encontraremos una placa que lo recuerda), a escasos 10 minutos andando de la Iglesia de Saint Eustache. Según escribió a su padre en marzo de 1778, poco después de su llegada: «París es el único lugar en el que puedes ganar dinero y honor. Todos los que han estrenado óperas en París han recibido una cantidad fija anual, después estan los Concerts Spirituels, también la Academia de los amateurs... Si das clases puedes ganar tres luises de oro por doce lecciones. Y también hacer subscripciones para publicar sonatas, trios y cuartetos». Pero nada de todo eso funcionó. A diferencia de sus primeras estancias en la capital francesa, en esta ocasión pasó penalidades y malvivió junto con su madre en condiciones muy pobres.

París dio la espalda al joven compositor y, a pesar de que éste intentó encontrar contactos y movió influencias, todo resultó en vano. Pudo dar cuatro clases a algunas hijas de la nobleza, y compuso algunas obras por encargo, como el maravilloso *Concierto para arpa y flauta* dedicado al Duque de Guines, flautista aficionado, y a su hija arpista (un encargo que, dicho sea de paso, Mozart nunca llegó a cobrar).

Quizás el único éxito fue el estreno, el 18 de junio, de la *Sinfonía París*, en el marco de los Concerts Spirituels que se celebraban en el Salón de la Guardia Suiza del Palacio de la Tullerías. Dicha obra empieza con un recurso musical muy de moda entre los compositores franceses, el llamado *le premier coup d'archet* que consistía en que la primera frase musical la tocaran todos los instrumentos de cuerda al unísono. Mozart se lo explicó a su padre por carta: «He sido muy cuidadoso atendiendo al "premier coup d'archet" y ha resultado muy adecuado. ¡Cuánta alharaca hacen aquí los bueyes con este truco! Que el diablo me lleve si puedo distinguir la diferencia: simplemente empiezan todos juntos, como hacen en otros lugares».

Pero poco después la moral de Mozart empezó a decaer. En otra carta a su padre le decía: «No cuento con los elogios de París. Si aquí la gente tuviera oído, corazón para sentir y entendiera solamente un poco de musique y tuviera buen gusto... Pero estoy entre animales, entre bestias por lo que se refiere a la música».

Al inicio del verano, su madre contrajo unas fiebres y, tras dos penosas semanas de enfermedad, murió el 3 de julio. Aquella misma noche, Mozart escribió dos cartas: una a su padre, diciéndole que su madre estaba enferma, y otra al abate Bullinger de Salzburgo en la que le decía la verdad y le pedía que hablara con su padre para darle en persona la mala noticia.

Wolfgang Amadeus organizó el funeral en la iglesia de Saint Eustache, una de las iglesias más bonitas de París, en el céntrico barrio de Les Halles. En esta iglesia Luis XIV hizo su primera comunión, Molière fue bautizado, Lully se casó y Rameau fue enterrado: hay una placa dedicada a él en la capilla de Santa Cecília, patrona de los músicos, y otra dedicada a Anna

Maria Pertl, la madre de Mozart. Ya que estamos en Saint Eustache recordemos que fue el lugar donde se estrenó el grandioso *Te Deum* de Hector Berlioz (del cual hablaremos en el siguiente capítulo) y que el órgano monumental de esta iglesia es el más grande de toda Francia, con más de 8.000 tubos.

Ni que decir tiene que, tras el funeral de su madre, Mozart cerró los cuatro temas pendientes que le quedaban en París y abandonó para siempre la ciudad.

El Conservatorio de París y el contrabajo monstruoso

El Conservatorio de París se fundó en 1795, poco después de la Revolución francesa, y de él salieron grandes compositores como Berlioz, Gounod, Bizet, Massenet, Saint-Säens, Ravel, Debussy, Charpentier, Dukas o Boulanger, por citar solamente una decena de los (y las) nacidos a lo largo del siglo XIX. Inicialmente la institución estaba regida por una dirección tripartita de la que formaban parte dos franceses (Gossec y Méhul) y un italiano (Luigi Cherubini). Este último —poco dispuesto a trabajar con los hijos de la revolución— dejó el cargo para seguir su carrera en Austria. Cansado y arruinado, regresó a París y decidió abandonar la música para dedicarse a la botánica. Con la caída de Napoleón y la llegada de la Restauración monárquica, el Conservatorio fue cerrado durante un tiempo por su origen revolucionario, pero finalmente se reabrió y se nombró a Cherubini como director, cargo que ocuparía hasta su muerte. A él se debe la planificación del funcionamiento de la institución, los concursos para acceder a los puestos de profesor y la ampliación de instrumentos en el

El octobajo de la Orquesta de Montreal.

plan de estudios. Actualmente el Conservatorio de París está en el complejo musical de la *Cité de la Musique* y acoge a más de 1.200 estudiantes.

Uno de los premios más importantes que otorgaba era el conocido como Premio Roma. Era un concurso de composición (la primera edición fue en 1803) al que solamente podían presentarse alumnos del conservatorio menores de 30 años. El premio consistía en una beca de dos a cinco años en Roma con alojamiento en la Villa Medici. El ganador solamente tenía que mandar una obra anual para que le renovaran la beca por un curso más. Fue, sin duda, el concurso de composición más prestigioso en Europa y lo ganaron todos los autores mencionados en el primer párrafo de este capítulo excepto Saint-Säens y Ravel (a pesar de que lo intentaron). Actualmente se sigue convocando, pero desde 1968 las bases del concurso y el proceso de selección de los becados ha cambiado sustancialmente.

Uno de los primeros en criticar el funcionamiento del premio (que también se otorgaba a diferentes especialidades artísticas) fue Hector Berlioz, que lo ganó en 1830, pero hizo notar que el jurado que le había otorgado el premio estaba formado por 40 personas de las que solamente cinco eran músicos.

En su Tratado de instrumentación defiende la utilización de un instrumento muy especial: el octobajo. *El octobasse* (nombre original en francés) es un contrabajo gigante de casi cuatro metros de altura que puede emitir las notas más graves que el oído humano puede percibir y, para tocarlo, el intérprete tiene que subir a una pequeña plataforma elevada instalada al lado del instrumento y, mientras con la mano derecha pasa el arco sobre las cuerdas, con la izquierda va activando una serie de palancas con las que puede hacer las diferentes notas. Su nota más grave es un Do y emite 16,35 vibraciones por segundo (hertzios), cuando normalmente se considera que nuestro oído solamente puede percibir como «nota» —como sonido continuo reconocible— una vibración de 20Hz.

Berlioz y la Sinfonía fantástica

Berlioz destacó pronto por sus ideas revolucionarias: compuso la *Sinfonía fantástica*, una obra en la que explicó musicalmente sus propias vivencias, amores y desamores, y que acompañó de un texto que había que leer antes de escuchar la música (que dura más de 50 minutos). Destacó principalmente como director de orquesta y escribió un tratado de instrumentación que, durante años, fue un texto de referencia.

Berlioz lo utilizó por primera vez en su *Te Deum*, estrenado en 1855 en la iglesia de Saint Eustache. Para la ocasión requirió una orquesta con más de 130 intérpretes (octobajo incluido), un órgano en el extremo opuesto (el monumental órgano de más de 8.000 tubos del que hemos hablado en el capítulo anterior), dos coros de 100 voces cada uno y un tercer coro de 600 voces blancas situado entre el órgano y la orquesta representando la congregación de fieles. La *performance* fue espectacular y, según algunos, incluso excesiva.

El octobajo que sonó en aquella ocasión fue el primero de los tres que construyó en 1849 el luthier Jean Baptiste Vuillaume. De estos tres instrumentos iniciales solamente se conserva uno en el *Musée de la Musique* de París, donde se puede contemplar su majestuosidad. Dicen que el segundo octobajo se quemó en Londres y que el tercero, después de ser propiedad del zar de Rúsia, ahora se encuentra en Viena.

En 1994 el contrabajista italiano Nicola Moneta encargó la construcción de un octobajo al taller de Pierre Bohr en Milán y desde entonces ha sido el único que ha sonado por teatros y auditorios de todo el mundo. En 2007, el luthier italiano Antoni Dattis construyó otro que se encuentar en el Museo de Instrumentos Musicales de Phoenix (Arizona). La utilidad de este instrumento monstruoso ha sido cuestionada durante años, pero en 2016 la Orquesta Sinfónica de Montreal hizo una decidida apuesta por incorporarlo a su plantilla y compró una réplica del octobajo de París construida por el luthier parisino Jean Jacques Pagès. Ante la expectación creada por la incorporación de este «instrumonstruo», el director de la orquesta, el japonés Kent Nagano, convenció a un empresario canadiense, mecenas de la orquesta, para que encargara dos nuevos octobajos. Despues de 150 años, el gigantesco invento de Vuillaume renace de nuevo y ya cuenta con media docena de ejemplares repartidos por el mundo.

Primer y último conciertos de Chopin en la Salle Pleyel

La Salle Pleyel es la sala de conciertos con más solera de París. Aunque el edificio actual (situado en la Rue du Faubourg Saint-Honoré) se construyó en 1927, es heredero de las dos anteriores salas «Pleyel» construidas por el fabricante de pianos Camille Pleyel: la primera se construyó en 1827 y la segunda en 1839. La sala actual cuenta con 2.000 localidades, pero originalmente había llegado a tener 3.000.

Durante el siglo XIX, París fue la capital del piano. Allí residieron los mejores pianistas del momento y los recitales públicos y privados eran constantes. Una de las pianistas más destacadas fue Marie Moke, nacida en 1811, de quien Hector Berlioz se enamoró perdidamente. Como hemos comentado más arriba, Berlioz ganó el Premio Roma y marchó un par de años a estudiar a la capital italiana. La señorita Moke aprovechó para cortar con él y casarse con Camille Pleyel. Al saberlo, Berlioz tomó un caballo en Roma y salió al galope hacia París con la intención de llevarse por delante a todo aquel que se interpusiera entre él y su amada. La carrera a caballo acabó en Niza donde, persuadido por sus amigos de que dejara correr el tema, Berlioz decidió aceptar que la chica se había ido con otro. Después de casada, Marie fue conocida como Madame Pleyel y llegó a ser directora del departamento de piano del Conservatorio de Bruselas.

Marie Moke.

El más grande de los pianistas afincados en París fue, sin duda, Frederick Chopin. Llegó con veintiún años y residió allí los restantes 18 años de su vida. Al principio vivió en el número 27 el Boulevard Poissonière, una zona muy céntrica a pocos metros del actual Museo de Cera (Musée Grevin). Chopin sufría de miedo escénico y son muy pocos los conciertos públicos que llegó a celebrar. Según decía en una carta a un amigo: «¡No sabes qué martirio son para mí los tres días antes de un concierto! No tengo temperamento para esto, el público me intimida, me siento asfixiado por su impaciencia, paralizado por sus miradas curiosas, mudo ante las caras desconocidas». A lo largo de su carrera anuló decenas de conciertos pocos minutos antes de salir al escenario y prefería prodigarse en los salones de la nobleza y la burguesía dando conciertos privados con público escaso y selecto.

El 25 de febrero de 1832, cuando todavía no se cumplía un año de su llegada a París, fue invitado a tocar en la Sala Pleyel (la primera de ellas) compartiendo escenario —entre otros— con Mendelssohn, Liszt y Kalbrenner, este último conocido en la época como «el rey del piano». A partir de este concierto, Chopin adquirió una fama en la ciudad que no hizo

Un Pleyel en Valldemosa

Desde su llegada a París, Chopin se enamoró de los pianos que fabricaba Camille Pleyel, y siempre tocó con un Pleyel el escenario. Incluso cuando viajó a Mallorca, donde residió tres meses, se hizo traer un Pleyel desde París: «Monsieur Pleyel: mi piano no ha llegado aún. ¿Cómo lo ha enviado usted? ¿Por Marsella o por Perpignan? Pienso música, pero no la escribo porque aquí no hay pianos». De regreso a París, decidió no transportar el instrumento y lo vendió a una familia mallorquina. A día de hoy dicho piano se puede ver (y oír) en la habitación dedicada a Chopin que hay en la Cartuja de Valldemosa, a 20 minutos en coche de Palma de Mallorca.

más que crecer. Le llegaron invitaciones de todos los salones aristocráticos y su agenda se llenó de compromisos sociales y musicales.

El último concierto que Chopin dio en París fue el 16 de febrero de 1848, esta vez en la segunda Salle Pleyel. La expectación fue máxima, ya que hacía más de seis años que no actuaba públicamente en la ciudad. Se vendieron entradas anticipadamente (cosa muy poco común en aquella época) y se agotaron. Una crítica reconocía que «el encantamiento no cesó de actuar un solo instante sobre el auditorio, y duraba incluso cuando el concierto ya había terminado». En la media parte, Chopin sufrió un desmayo, pero pudo terminar el concierto.

El entierro de Chopin tenía que haberse celebrado un par de días después de su muerte, pero se tuvo que retrasar trece días. La Iglesia de la Madeleine acogió el acto al que se acercaron más de 3.000 personas en el que se pudo escuchar la interpretación del Requiem de Mozart. El principal motivo del retraso del funeral fue que la iglesia parisina no permitía que las mujeres cantaran en los oficios religiosos y, claro está, eso impedía que fuera interpretada la obra de Mozart tal como Chopin había fijado en sus últimas voluntades. Finalmente se permitió la actuación de músicos y cantantes (todos detrás de una cortina negra) y tras el sepelio se procedió al entierro del cuerpo en el cementerio de Père-Lachaise. Atendiendo también a una de las voluntades de Chopin, unos días antes se le había extraído el corazón y se conservó en un recipiente con alcohol. Su hermana Ludwika llevó dicho bote a Varsovia, donde desde entonces reposa en uno de los pilares de la Iglesia de la Santa Cruz.

Londres

Londres, la capital de Inglaterra, es una de las ciudades más grandes del mundo. En ella viven casi 9 millones de personas de todas las nacionalidades imaginables, cada una con su idioma, sus costumbres, sus creencias y su música. Desde la época del Renacimiento (por allá el año 1.500) ya vivían allí cerca de medio millón de personas y la ciudad competía con París y Viena por ser considerada la capital musical de Europa. En los últimos 500 años le ha costado igualar la fama de los grandes nombres que han ido surgiendo en el continente europeo, como Bach, Mozart, Beethoven, Chopin o Debussy. El nombre más relevante del Barroco fue Henry Purcell, y ya no aparecieron compositores ingleses «exportables» hasta finales del siglo XIX y principios del XX: Elgar, Vaughan Williams, Holst, Walton, Britten… Naturalmente hubo compositores «autóctonos» de primera categoría, pero no consiguieron renombre internacional. Para compensar, Londres consiguió que durante los siglos XVIII y XIX muchos compositores extranjeros relevantes vivieran largas temporadas en la ciudad, como Haendel, Johann Christian Bach, Mozart, Haydn, Clementi o Mendelssohn.

Pero llegó la segunda mitad del siglo XX y entonces Londres contraatacó: puso toda la munición en un nuevo género llamado pop-rock y dejó K.O. al mundo entero con grupos como The Rolling Stones, Pink Floyd, Queen, Sex Pistols o Cold Play y cantantes como David Bowie, Rod Stewart, George Michael, Amy Winehouse o Adele. Hemos mencionado solamente diez nombres de músicos y grupos nacidos en Londres, pero fácilmente podríamos añadir diez más: Status Quo, The Who, Led Zeppelin, Iron Maiden, The Alan Parsons Project, Pet Shop Boys, Eurythmics, Spice Girls, One Direction o The Police. Y para acabar de demostrar el abuso de poder de la capital inglesa en la música pop-rock, solamente hay que recordar que los Beatles, aunque nacieron en Liverpool, grabaron sus discos en Londres y en la azotea del número 3 de Savile Row hicieron su último concierto.

En paralelo a la música pop, a partir de los años ochenta Londres se consolidó como la capital europea de los musicales. Londres ya alardeaba de una gran tradición teatral gracias al barrio del West End (también conocido como «Theatreland» o «ciudad del teatro»). En él hay casi 50 teatros, y en la mitad se representan musicales: El fantasma de la ópera, Los miserables, Cats, El Rey León, *etc. Algunos de estos espectáculos se han representado durante décadas ininterrumpidamente.*

En estas páginas nos centraremos en la música clásica y el recorrido por Londres nos llevará a navegar por el Támesis acompañados por la música de Haendel, visitaremos los grandes auditorios de la ciudad (como el Covent Garden o el Royal Albert Hall), pasearemos por los pleasure-gardens *y veremos cómo desde Regent Street, el centro neurálgico de Londres, se consiguió que Beethoven compusiera el actual Himno de la Unión Europea.*

El Covent Garden.

El Covent Garden y la ópera inglesa

Londres quizás no haya llegado nunca a ser considerada «la» capital de la música clásica, pero sin ninguna duda sí es «la» capital del teatro. Seguramente por este motivo el género musical con más adeptos en Londres fue la ópera, más que los conciertos sinfónicos o de música de cámara. El primer teatro de Londres se inauguró en 1576 —llamado simplemente «The Theatre"— bajo el reinado de Isabel I, 100 años antes de que la ópera apareciera en escena. Habría que esperar a mediados del siglo XVII para poder hablar propiamente de las primeras óperas estrenadas en Londres, importadas de Francia e Italia, y hasta la primera ópera en lengua inglesa, *Venus and Adonis* de John Blow, estrenada en 1683.

Para la monarquía inglesa la música siempre fue una parte importante en la educación de sus retoños. Enrique VIII reinó hasta 1547, y aparte de ocuparse de los asuntos de estado (política, luchas religiosas, guerras en Europa o diversas bodas intentando tener un hijo varón), tuvo tiempo de componer música, sobre todo canciones en forma de madrigales, baladas y villancicos. Su hija Isabel (la que inauguró «The Theatre»), reinó durante 45 años (hasta 1603), tocaba el teclado, potenció la música en la abadía de Westminster (donde se coronan y entierran los monarcas británicos) y fue protectora de los dos grandes compositores de la época: Thomas Tallis y William Byrd. Estos músicos, además de escribir música religiosa, danzas y canciones, llevaron al grado máximo de excelencia el grupo instrumental de moda en aquella época: el «consort», o conjunto de violas de gamba.

Pero lo que realmente se potenció en la época isabelina fue el teatro, con un tal Shakespeare a la cabeza. En el estreno de *La tempestad* ya se incluyó un pequeño espectáculo con música, lo que se llamaba una mascarada, un espectáculo músico-teatral predecesor de la ópera. A mediados del siglo XVII empezaron a llegar las óperas de Italia y Francia y, a finales de siglo, el género explotó. Es en ese momento cuando se desarrolla en Londres la obra del primer gran compositor de óperas inglesas: Henry Purcell, con títulos como *Dido y Eneas* (1689) o *La Reina Hada* (1692), que suponen éxitos sin precedentes y marcan la pauta a seguir por los compositores ingleses futuros. En aquel entonces las óperas se representaban en los *pleasure-garden* de Vauxhall, de Dorset o de Ranelagh, en Chelsea: grandes espacios de recreo con jardines, paseos, atracciones, quioscos de música, pequeños zoológicos, casetas de feria y salas de conciertos. El público frecuentaba estos lugares de entretenimiento y asistía a los espectáculos que allí se ofrecían.

Pero la ópera necesitaba ser representada en espacios adecuados con escenarios grandes para acomodar la orquesta y los cantantes, con buena calidad de sonido y que permitieran escenografías espectaculares. El teatro más antiguo de Londres que se mantiene en pie es el Drury Lane: inaugurado en 1663 como «King's Playhouse» y con capacidad para 700 espectadores. Pronto empezó a acoger estrenos de ópera y fue durante muchos años el principal teatro operístico de la ciudad, aunque siempre mantuvo las representaciones teatrales y de espectáculos diversos. Después de varios incendios y ampliaciones, en 1812 llegó a tener un aforo de 3.600 butacas. Actualmente el teatro está en pleno rendimiento y pertenece al compositor de musicales Andrew Lloyd Webber. En el momento de escribir estas líneas, en el Drury Lane se están representando los musicales *Frozen* y *Evita*. Se ofrecen 2.000 localidades a precio único sobre los 80€.

El primer incendio del Drury Lane (1672) permitió que, durante un tiempo, otro teatro londinense adquiriera fama y prestigio: el Teatro de Dorset Garden, donde Purcell estrenó sus óperas. Navegando por el Támesis se podía llegar en barca hasta su escalinata principal. No lo podremos visitar ya que fue demolido hace 200 años, pero para compensar podemos visitar el teatro operístico por excelencia de Londres: la Royal Opera House, también conocida como Covent Garden por el barrio en el que está situado. Se inauguró en 1732 y en el momento de escribir estas líneas, en él se está representando el ballet *Romeo y Julieta* y las óperas *Tosca* y *Rigoletto*. Ahí es nada. El precio de las entradas oscila entre los 50 y los 250€. Sin duda, se trata uno de los grandes teatros operísticos del mundo y la mayoría de las grandes óperas italianas, francesas y alemanas del siglo XIX han tenido su estreno británico en este escenario.

En la época de Haendel, Londres ya era la ciudad más poblada de Europa con cerca de 600.000 habitantes. La ópera era el espectáculo de moda y había varios teatros que ofrecían obras con escenografías espectaculares. Haendel ya había estrenado 25 óperas en el Queen's Theatre cuando en 1734 fichó por la Royal Opera House. Haendel debutó aquí con la ópera *Oreste* y, en los tres años siguientes, estrenó seis óperas más: *Ariodante*, *Alcina*, *Atalanta*, *Arminio*, *Giustino* y *Berenice*. Justo antes del estreno de esta última, Haendel sufrió un derrame cerebral, pero los propietarios del teatro decidieron seguir con la función. Por suerte, Haendel se recuperó a los pocos meses, y siguió escribiendo música, aunque dejó a un lado el género de la ópera y se volcó en el del oratorio. En Covent Garden llegó a estrenar más de una docena de oratorios en lengua inglesa, desde *Samson* en 1743 a *El triunfo del tiempo y la verdad* en 1757.

El más popular de todos sus oratorios, *El Mesías* (1742), que incluye el famosísimo fragmento «Aleluya», se estrenó en Dublín, pero su primera representación londinense también fue en Covent Garden, aunque el éxito que había tenido en Irlanda no se repitió en la capital británica. Le criticaron que un oratorio sacro se interpretara en un teatro y no en una iglesia, y la acogida fue bastante fría. Después de hacer varios retoques en la obra la reestrenó en 1745, pero tampoco esta vez tuvo éxito. Haendel era tenaz, así que volvió a programarla en 1749, pero tampoco triunfó. Al año siguiente, en 1750, decidió interpretarla en el Foundling Hospital y donar la recaudación a la institución que se dedicaba a la atención de niños huérfanos. El éxito, ahora sí, fue notable y esta interpretación benéfica se

La revuelta por los viejos precios

En 1808 el teatro se incendió y se reinauguró al año siguiente, pero con una notable subida de precios. Como protesta, el público empezó a hacer ruido durante las representaciones, a silbar y a bailar. Esta rebelión popular conocida como «la revuelta por los viejos precios» tuvo éxito y la gerencia, al cabo de un par de meses, se vio obligada a bajar el precio de las entradas.

repitió cada año con más y más afluencia de público. El 6 de abril de 1759 el concierto se realizó en Covent Garden ante la presencia de Haendel, que recibió una ovación histórica. Murió una semana después. Actualmente, en el lugar en el que estaba el Foundling Hospital hay un gran parque infantil y el Foundling Museum que contiene una exposición permanente sobre la historia del primer orfanato londinense y de cómo quisieron parecerse al Ospedalle de la Pietá de Venecia enseñando música a sus internos. El museo también incluye la mayor colección de objetos y recuerdos sobre Haendel, incluida la partitura original de *El Mesías*.

En la década de 1790 el gran compositor austríaco Franz Joseph Haydn visitó Londres en un par de ocasiones (hablaremos de ello más adelante) y fue invitado a la Royal Opera House a escuchar la ópera *Artaxerxes* del compositor inglés Thomas Arne, que era una de las más populares en Londres desde su estreno 20 años atrás.

Para constatar que la popularidad de las óperas inglesas no salía de las islas británicas, valga como muestra el comentario que dejó escrito Haydn (que quedó encantado con la ópera en cuestión): «No tenía ni idea de que existiera una ópera escrita en lengua inglesa».

Haendel paseando por el Támesis

Georg Frederich Haendel era alemán, pero después de viajar por Europa y de conocer la música italiana de primera mano, se instaló en Londres a los 26 años. Siguió viajando durante toda su vida, pero su residencia quedó fijada en la capital británica, concretamente en el número 23 de Brook Street, en el barrio de Mayfair. Tan fijada quedó que en esta casa vivió 36 años. Actualmente se puede visitar y, a pesar de que el edificio conserva la estructura original con sótano, tres plantas y buhardilla, a lo largo de los años se han hecho muchas reformas y cuesta imaginar cómo era originalmente.

Georg Frederich Haendel.

Volvamos al siglo XVII: inicialmente, la estancia en Londres de Haendel tenía que durar solamente unos meses, ya que era el compositor de cámara del Príncipe Georg de Hannover, en Alemania. Obtuvo un permiso de su patrón para pasar una temporada en la capital británica, pero el tiem-

Handel & Hendrix

El pequeño museo que allí se ubica lleva el simpático nombre de «Handel & Hendrix in London» ya que ha sido recientemente ampliado con la visita a las dependencias de otro músico insigne que también vivió allí: el guitarrista norteamericano Jimi Hendrix.

po fue pasando y Haendel no volvió ya que le ofrecieron trabajar como compositor para la corte de la Reina Ana. El príncipe Georg de Hannover se enfadó, pero nada pudo hacer para que Haendel se reincorporara a su puesto de trabajo. El caso es que, a los pocos meses, la Reina Ana murió sin sucesión y —lo que son las cosas de la sangre azul— fue coronado su sobrino, Georg de Hannover, que inmediatamente pasó a llamarse George I Rey de Inglaterra. Cuando el nuevo rey llegó a Londres se encontró con que el compositor de referencia en palacio no era otro que Haendel, su compositor desertor. Parece ser que tuvieron sus diferencias pero que el nuevo rey tenía otros problemas más urgentes que atender. Haendel siguió componiendo música para los actos de la corona (himnos, odas, óperas, música de concierto...) y el rey no tuvo queja al respecto. Haendel nunca llegó a ser nombrado oficialmente «compositor del rey», pero trabajó para la corte británica bajo el mandato de tres monarcas distintos: Ana de Gran Bretaña, Jorge I y su hijo Jorge II. Triunfó con sus más de 40 óperas (casi todas en italiano), con sus docenas de obras instrumentales y con sus más de 20 oratorios (estos sí, en inglés).

Sus obras instrumentales más famosas son la *Música acuática* y la *Música para los reales fuegos artificiales*. Ambas pueden ayudarnos a conocer algunos lugares interesantes de Londres. Empecemos por el Palacio Real: tanto la reina Ana como Jorge I y Jorge II vivieron en el Palacio de Saint James que fue donde Haendel estrenaba sus obras con la orquesta de palacio. Los compositores con el título oficial de «compositor del Rey» se sucedían (Eccles, Greene, Boyce, Stanley, Parsons...) pero ninguno de ellos alcanzó la fama internacional de Haendel. En 1762, Jorge II compró el Palacio de Buckingham y su hijo, Jorge III, lo destinó a la residencia privada de su esposa, la Reina Carlota, de ahí que se conociera como «la casa de la reina». De los 15 hijos que tuvieron, tres nacieron en el Palacio de St. James, dos en el Castillo de Windsor y diez en Buckingham. Poco a poco, la residencia oficial de la monarquía británica se fue desplazando hasta el nuevo domicilio hasta que en 1837, la reina Victoria fijó definitivamente el domicilio real en Buckingham Palace.

Una muestra del trabajo que Haendel tenía que afrontar como compositor a las órdenes del monarca la tenemos en la composición de la *Water Music*, conocida como *Música acuática* (quizás la traducción más precisa sería «Música del agua»). El rey Jorge I le encargó a Haendel que compusiera música para acompañar un paseo en barca que tenía previsto hacer por el Támesis al cabo de unos días. Le pidió expresamente que la orquesta fuera numerosa y que hubiera diferentes instrumentos para dar más brillo al acto. El rey y su séquito se embarcarían en el Palacio de Whitehall (la que fue residencia de los monarcas ingleses durante los siglos XVI y XVII) y desde allí navegarían en una barcaza hasta Chelsea. Haendel y su orquesta irían en otra barcaza y navegarían al lado de la barca real, amenizando el paseo fluvial con su música. El espectacular «paseo» se celebró el 17 de julio de 1717 y la barcaza con la orquesta acogió a cincuenta músicos. En la nave principal iba el rey Jorge I acompañado de diversos miembros de la nobleza (el duque de Kingston, la condesa Godolphin, el conde Orkney, la duquesa de Newcastle, etc.) y miles de londinenses acudieron con sus barcas para acompañar a la comitiva por el río y ocuparon las orillas para ver (y escuchar) el espectáculo. Actualmente podemos cruzar el Támesis por cualquiera de los 33 puentes existentes pero aquel día solamente había un puente: el London Bridge, que quedó abarrotado por los curiosos. De hecho, este fue el único puente de la ciudad hasta que en 1750 se abrió el Puente de Westminster. El Tower Bridge, el puente más famoso en la actualidad, no fue construido hasta 1894.

Otro de los puentes «modernos» de Londres es el Vauxhall, inaugurado en 1906, y conocido por ser el primero que permitió la circulación de tranvías y porque une la Tate Gallery en la orilla norte con el edificio de los servicios secretos británicos (el MI6) en la orilla sur. Justo al lado están los Vauxhall Pleasure Gardens. Estos jardines se abrieron a finales del siglo XVII y ofrecían diversas atracciones y entretenimientos a los visitantes. Hoy en día la zona que ocupan, a orillas del Támesis, es muchísimo menor que la que ocupaban inicialmente, pero aún se puede disfrutar en ellos de un agradable paseo. El 21 de abril de 1749 se vivió aquí uno de los primeros conciertos multitudinarios de la historia: el rey Jorge II encargó a Haendel una música espectacular para celebrar un concierto especial con fuegos artificiales ya que había que celebrar el final de la guerra de sucesión austriaca y la firma del Tratado de Aquisgrán. El concierto se celebraría el 27 de abril en Green Park, al lado mismo del Palacio de Buckingham, y solamente se podría acceder con invitación, pero se haría un ensayo general (sin fuegos artificiales) en los Vauxhall Pleasure Gardens al que podría acudir todo aquel que quisiese.

Dicen las crónicas de la época que acudieron a Vauxhall unas 12.000 personas y que el evento fue todo un éxito. Ese estreno no oficial de la *Música para los reales fuegos artificiales* ha pasado a la historia como uno de los actos musicales más multitudinarios que se conocen, mientras que el estreno oficial ha pasado a la historia como uno de los desastres más notables que se hayan producido jamás durante un concierto. En Green Park se construyó una enorme estructura de madera de 125 metros de largo y 35 de altura, con una columna central de 60 metros y se contrataron todos los músicos disponibles: 24 oboes, 12 fagots, 9 trompetas, 9 trompas, 3 timbaleros y otros percusionistas. Después de que la orquesta interpretara la primera pieza (la obertura) sonaron ciento un cañonazos y la estructura de madera apareció iluminada por fuegos artificiales; a medida que transcurría el espectáculo los fuegos artificiales iban saliendo cada vez más y más descontrolados, hasta que la madera se incendió (incluido un gran medallón con la figura del rey) y los músicos empezaron a huir para no quemarse. El público corrió en desbandada, la policía intervino, el viento arreció y complicó las labores de extinción del incendio que se llevaron a cabo con cientos de voluntarios yendo al río a buscar agua... Total: el concierto se suspendió y hubo que atender a decenas de heridos.

La versión que conocemos hoy en día de la *Música para los reales fuegos artificiales* incluye instrumentos de cuerda y no tantos instrumentos de viento. Haendel la escribió un mes después del desastre de Green Park, la estrenó sin el acompañamiento de petardos, y desde entonces es una de las obras más populares de la música clásica.

El Royal Albert Hall y las marchas de Elgar

El Royal Albert Hall es una de las salas de conciertos más importantes del mundo. Está situada en la zona conocida como «Albertópolis» —en honor al esposo de la reina Victoria— y a pocos metros se encuentran instituciones como el Victoria & Albert Museum, el Museo de Ciencias, el Museo de Historia Natural o el Royal College of Music. Esta es otra de las instituciones musicales indispensables de la ciudad: en ella han estudiado nombres tan destacados como Gustav Holst (autor de la suite *Los planetas*), Leopold Stokowski (director de orquesta), Benjamin Britten (compositor de óperas), James Galway (flautista, nombrado Caballero en 2001 por la reina de Inglaterra), James Horner (compositor de bandas sonoras como *Braveheart*, *Apolo 13*, *Titanic* o *Avatar*) o Andrew Lloyd Webber (el compositor de musicales por excelencia: *Jesucristo Superstar*, *Evita*, *Cats*, *El fantasma de la ópera*).

El Royal Albert Hall es el centro de este barrio cultural promovido por el príncipe Alberto y lo corona majestuosamente con su planta elíptica y sus más de 40 metros de altura. El impresionante edificio se inauguró en 1871 y aunque inicialmente tenía capacidad para 8.000 personas, las actuales medidas de seguridad «solamente» permiten unas 5.200 localidades. En 1968 se celebró aquí el Festival de Eurovisión cuya edición pasó a la historia por ser la primera que se retransmitió en color por televisión. El festival más popular de música clásica que se celebra aquí cada año es el BBC Proms: dura ocho semanas en verano y es una auténtica maratón de orquestas, solistas y coros. Inicialmente, los Proms se celebraban en el Queen's Hall ya que estaba situado al lado mismo de los estudios de la BBC, pero con su destrucción en 1941 a causa de un bombardeo, se pasa-

El Royal Albert Hall.

ron a celebrar en el Royal Albert Hall. El concierto de clausura suele ser uno de los acontecimientos más seguidos del año en Londres y nunca falta en él la interpretación de *Pompa y circunstancia* de Elgar.

Edward Elgar (1857-1934) es uno de esos compositores que caen bien. La suya fue una familia modesta: el padre era organista, tenía una tienda de música y afinaba pianos, mientras que la madre se ocupaba de la familia y, cuando podía, escribía poesía. Edward fue el cuarto de siete hermanos y, aunque no tuvo una formación académica reglada, la música siempre estuvo presente en la familia. A los 10 años ya compuso la música para una obra de teatro que organizaron sus hermanos y a los 16 ya tocaba el órgano en la iglesia y también se atrevía con cualquier instrumento que le pusieran delante en las orquestinas y sociedades musicales del condado de Worcestershire. Empezó su carrera musical ayudando a su padre, dando clases y escribiendo arreglos para diferentes conjuntos orquestales. A los 29 años se enamoró de Caroline Alice Roberts, alumna suya, de familia de alto copete y ocho años mayor que él. Se casaron en contra de la opinión de la familia de ella, que no aceptaba que su hija se casara con un músico desconocido y, además, católico. Como regalo de bodas, Elgar le dedicó a su esposa la obra para violín y piano *Salud de amor* y ella le regaló el poema *El viento al amanecer*. Tuvieron una hija a la que llamaron Carice (contracción de los nombres de la madre: Caroline y Alice) y poco a poco Elgar fue adquiriendo renombre como compositor.

El éxito definitivo le llegó a los 42 años con el estreno en Londres, en el Saint James's Hall, de una obra sinfónica titulada *Variaciones Enigma* (1899). Enseguida se hicieron interpretaciones en diferentes ciudades europeas, e incluso en Estados Unidos. En marzo de 1904 se celebró en Covent Garden un festival de tres días dedicado íntegramente a las obras de Elgar (jamás en la historia se había dado un caso similar). El rey Eduardo y la reina Alejandra asistieron a los conciertos (cosa también inaudita), y en julio de ese mismo año lo nombraron Caballero del Imperio Británico en el Palacio de Buckhingham. En 1911 fue el primer músico en recibir la Orden del Mérito. La aristocrática familia de Alice, por fin, reemprendió educadamente el contacto con la pareja.

La obra más popular de Elgar es la *Marcha nº 1 de Pompa y circunstancia*. El título es un tanto peculiar: se trata de una marcha, es decir, una obra con carácter marcial (y patriótico) que en su parte central incluye el himno «Land of Hope and Glory». En su estreno, en 1901, la parte central era solamente instrumental, pero en la interpretación que se hizo al año siguiente en motivo de la coronación de Eduardo VII, se incluyó la letra

de «Tierra de esperanza y gloria». Lleva el número 1 porque, a lo largo de su vida, Elgar llegó a componer cinco marchas como esta. Y lo de «pompa y circunstancia» forma parte de unos versos épicos de la obra *Otello* de Shakespeare. La primera vez que se escuchó esta marcha fue en Liverpool el 19 de octubre de 1901 y, dos días después, se interpretó en el Queen´s Hall de Londres en el marco de los conciertos Proms, la serie de conciertos populares que se habían iniciado en 1895. El éxito londinense fue tan espectacular, con la gente en pie chillando y aplaudiendo, que por primera vez en la historia de los conciertos Proms se repetió un bis en dos ocasiones. Desde entonces esta es la pieza emblemática de los Proms y siempre se interpreta en el concierto final de temporada con más de 5.000 personas en pie coreando la parte central.

Her Majesty's Theatre y las sinfonías de Haydn

Este «majestuoso» teatro se inauguró en 1705 bajo el reinado de la reina Ana como Queen's Theatre y fue el primero de la ciudad que se dedicó específicamente a la ópera. En 1714, cuando accedió al trono Jorge I, el teatro pasó a llamarse King's Theatre y mantuvo el género masculino hasta 1837, con la coronación de la reina Victoria, en que pasó a llamarse Her Majesty's Theatre. Entre 1901 y 1952 se llamó His Majesty's Theatre, ya que se sucedieron en el trono cuatro reyes varones y, en el momento de escribir

Nicolo Grimaldi, uno de los castrados más famosos del momento.

El éxito de Haydn

Según una crónica de la época: «El propio Haydn dirigió desde el pianoforte y la visión de aquel renombrado compositor enalteció a la audiencia y provocó tal excitación, atención y placer como ningún otro músico había conseguido en Inglaterra».

estas líneas, con la reina Isabel reinando desde hace 70 años, se sigue llamando Her Majesty's Theatre. El teatro sufrió un par de incendios que lo destruyeron por completo (el primero en 1789 y el segundo en 1867) y fue ampliado y modificado en numerosas ocasiones. El teatro actual (el cuarto edificio que ocupa el mismo emplazamiento) es de 1897 y tiene 1.200 localidades.

Entre 1711 y 1749 Haendel estrenó aquí 25 óperas (tres como Queen's y veintidós como King's). La primera de ellas, *Rinaldo*, se considera la primera ópera italiana escrita expresamente para un teatro inglés. El éxito fue mayúsculo, especialmente por el papel que representaron los dos castrados más famosos del momento: Nicolo Grimaldi y Valentino Urbani. En 1762 fue el hijo de Bach, Johann Christian, quien estrenó aquí tres óperas, después de lo cual fue contratado como profesor de música de la reina Carlota. En el siglo XIX vieron aquí su estreno británico varias óperas de Mozart y otros títulos indispensables como *Fidelio* de Beethoven, *Carmen* de Bizet, *Faust* de Gounod o la tetralogía de Wagner.

Uno de los músicos que mayor éxito obtuvo en el Majesty's (cuando aún se llamaba King's) fue Franz Joseph Haydn. Este compositor austríaco había trabajado 30 años a las órdenes del príncipe Esterhazy, tanto en su palacio de invierno en Viena como en el palacio de verano en Hungría. Su obligación como compositor del príncipe era tener siempre a punto a la orquesta por si al señor le apetecía escuchar una serenata. Compuso docenas y docenas de obras para los actos oficiales del príncipe y, sobre todo, música para el entretenimiento de la familia y de sus aristocráticos amigos: sinfonías, suites, conciertos e incluso óperas que se representaban en el mismo palacio. En 1790 murió el príncipe y fue sucedido por su hijo, que tenía muy poco interés por la música. Lo primero que hizo el nuevo príncipe fue jubilar a Haydn (que tenía 58 años) y despedir a toda la orquesta.

Haydn aprovechó la ocasión para no aceptar ningún otro puesto de trabajo fijo, a pesar de las ofertas que recibió. Se había pasado las últimas décadas encerrado en palacio, y ya iba siendo hora de moverse un poco y ver qué música se estaba haciendo por Europa. Un violinista, compositor y empresario alemán llamado Johann Peter Salomon le propuso viajar a Londres y estrenar allí alguna de sus sinfonías. Le contó que en la capital británica había mucho público deseoso de conocer en primera persona a los grandes compositores del continente y que él mismo, desde que debutó con su violín en Covent Garden en 1781, había ganado muchísimo dinero e incluso ya había estrenado dos óperas en la Royal Opera House. Haydn no se lo pensó ni un minuto: hizo las maletas y se marchó a Londres.

Salomon organizó los primeros conciertos en la que durante el siglo XIX fue la principal sala de conciertos de Londres: los Hanover Square Rooms. Se agotaron las localidades y el éxito de los conciertos fue memorable.

La estancia en Londres de Haydn se alargó año y medio, pero el éxito (y el dinero que ganó) le animó a repetir el viaje en 1794. En esta segunda ocasión, la expectación creada fue aún mayor. Estrenó tres nuevas sinfonías en los Rooms, pero las tres últimas que estrenó en Londres se interpretaron en el King's Theatre con una orquesta de más de 60 músicos. Según consta en el diario personal de Haydn: «He ganado 4.000 florines en una sola noche, cuatro veces más que mi sueldo anual con los Esterhazy. Verdaderamente, cosas así solo pasan en Inglaterra».

La última reconstrucción del Her Majesty's Theatre (1897) corrió a cargo del popularísimo actor Herbert Beerbohm Tree y durante veinte años prácticamente se dejó de representar ópera. Los éxitos teatrales de Tree, que vivía en el mismo teatro, coparon la programación durante años. A principios del siglo XX se empezaron a representar musicales y en 1916 llegó el gran éxito: *Chu Chin Chow*, el musical de Fredric Norton que se representó ininterrumpidamente durante 5 años y llegó a superar las 2.200 representaciones. Desde entonces Her Majesty's Theatre se especializó en musicales y acogió estrenos europeos de obras de Gershwin, Bernstein (*West Side Story* llegó a superar las 1.000 funciones en 1958), hasta llegar a *El fantasma de la ópera*, de Andrew Lloyd Weber, el gran éxito que aún a día de hoy se sigue representando desde 1986: A causa de la pandemia de COVID-19 el teatro cerró durante meses. El 14 de marzo de 2020 se celebró la última representación de este musical, la número 13.629. En el momento de escribir estas líneas el teatro ya ha reabierto y se pueden adquirir entradas de 30 a 190€ para presenciar *El fantasma de la ópera*.

La Royal Philharmonic Society y el Himno de Europa

La Royal Philharmonic Society es uno de los «clubes» musicales más selectos del mundo. Está en el nº 48 de la calle Great Marlborough, en pleno barrio del Soho, y cuando se fundó, en 1813, su intención era la de promover la interpretación de música instrumental en Londres. Es decir: dejar que la ópera popular siguiera abarrotando los teatros y centrarse ellos en la «elevada» música orquestal y de cámara. Los miembros fundadores eran instrumentistas que querían establecer un ciclo de conciertos estable ya que en Londres no había ninguno. Formaron una orquesta y empezaron a programar conciertos en los Argyll Rooms. El primero de ellos fue el 8 de marzo de 1813 y en él actuaron Johann Peter Salomon (el promotor que unos años antes había invitado a Haydn a Londres), el pianista Muzio Clementi y el violinista Nicolas Mori. Se interpretaron obras de Haydn y de Beethoven para dejar claro que la «gran música» se estaba componiendo en el continente.

En 1817 la Royal Philharmonic Society invitó a Beethoven a hacer una estancia en Londres durante la cual podría escribir dos sinfonías que se estrenarían allí. Beethoven no estuvo dispuesto a realizar el viaje, pero sí que aceptó el encargo de escribir una gran sinfonía, previo pago de 50 libras. Carta arriba, carta abajo, el encargo no se formalizó hasta 1822. Ya hacía tiempo que Beethoven tenía una idea en la cabeza para escribir su *Novena* sinfonía, pero estaba estancado: el poema de Schiller *Oda a la alegría* le había impactado de tal modo que no paraba de dar vueltas a la posibilidad de incluir ese texto como gran final de la obra. Finalmente, en mayo de 1824, la obra estuvo acabada y se celebró el estreno en Viena. El éxito fue apoteósico.

La Royal Philharmonic Society invitó de nuevo a Beethoven a Londres, esta vez para dirigir el estreno de la *Novena* durante la temporada de 1825, pero tampoco en esta ocasión aceptó alegando problemas de salud. Visto que la presencia de Beethoven no estaba garantizada, la Society organizó el estreno en los Argyll Rooms el 21 de marzo de 1825 (hoy en día hay una placa que nos recuerda la efeméride en la fachada del edificio que ocupaba la sala de conciertos). En la primera parte se interpretaron obras de Haydn, Mozart, Handel, Reicha y Cherubini y en la segunda, el gran estreno: la *Sinfonía nº 9 «Coral»* con el «Himno de la alegría» en el último movimiento que, por cierto, fue cantado en italiano. En 1985 este fragmento de la *Novena* se convirtió en himno de la Unión Europea. Eso sí: sin letra. Solo la música.

También aquí hizo su debut en Inglaterra, en 1823, un jovencísimo Franz Liszt de 12 años. Y Mendelssohn, también aquí, se presentó ante el público inglés. Cuando los Argyll Rooms se incendiaron en 1830 la sociedad dio sus conciertos en la sala Hannover Square Rooms, donde estuvo

Los Argyll Rooms.

casi 40 años, y después en otros escenarios como el St. James's Hall o en el Salón de la Reina. Después del éxito con Beethoven, la Society encargó otras obras a compositores de renombre, como la *Sinfonía Italiana* a Felix Mendelssohn o la *Séptima* a Antonin Dvorak e invitó a directores como Berlioz, Wagner o Chaikovsky.

Muy de tarde en tarde, la Royal Philharmonic Society otorga una medalla de oro que han recibido músicos como Brahms, Elgar, Holst, Rakmaninov, Toscanini, Menuhin, Rostropovich, Karajan, Bernstein, Plácido Domingo, Martha Argerich, Jessye Norman o John Williams. Y también de vez en cuando deciden nombrar «miembro de honor» a algún músico relevante, como Mendelssohn, Rossini, Berlioz, Liszt, Wagner, Verdi, Ravel, Stravinsky, Maazel, Boulez o Evelyn Glennie. En el momento de escribir estas líneas, acaban de nombrar miembro de honor al músico catalán Jordi Savall que, de momento, es el tercer músico español en recibir este título después de Pablo Sarasate (en 1884) y Pau Casals (en 1930).

La batuta del director

Se cuenta que la primera vez que un director usó batuta en Inglaterra fue precisamente aquí, en los Argyll Rooms, cuando el director (y violinista) Louis Spohr lo hizo para dirigir un concierto en 1820.

BEETHOVEN:
SINFONÍA Nº 9 «HIMNO DE LA ALEGRÍA»

Roma

Podríamos remontarnos a la época de los romanos —de los romanos con túnica, césares y circo de gladiadores— para hablar de la música que ya sonaba por aquel entonces en Roma. Parece ser que las fiestas romanas siempre se celebraban acompañadas de música, fueran religiosas, paganas o incluso en los banquetes de las casas nobles. En estos últimos solía haber más personas sirviendo, cantando y bailando que comensales devorando manjares: según las normas del buen anfitrión, el número de invitados debía ser «como mínimo el de las Gracias y como máximo el de las Musas». Es decir, entre tres y nueve personas.

Pero, como en el resto de este libro, nos centraremos en lo que llamamos «música clásica», es decir, la que se escribió en partitura en la Europa Occidental a partir del Renacimiento. En Roma visitaremos los centros musicales más importantes de la ciudad, como El Vaticano, la Villa Médici, el Teatro de la Ópera, la Academia de Santa Cecilia —la santa patrona de la música— y una de sus basílicas más importantes: Santa María la Mayor. En Roma se han vivido muchas historias musicales pero quizás lo más relevante es que, durante siglos, se han tomado allí las decisiones que afectaban a la música religiosa de toda Europa, así que lo que se decidía en Roma acababa teniendo un efecto global. Por ejemplo: en los siglos XVI y XVII se formó lo que los estudiosos llaman «Escuela Romana» de música, con autores como Palestrina o Allegri, y la creación de un género musical sacro llamado «oratorio» que influyó enormemente en todo el continente. Roma era la ciudad de Dios en la Tierra y su capitalidad musical tenía que ser indiscutible: si el papa de turno decidía que las mujeres no podían cantar en las iglesias cristianas, pues no cantaban y punto, y si decidía que la letra de las obras sacras tenía que ser comprensible y que, por lo tanto, no cabía insistir en la técnica del contrapunto, pues se eliminaba el contrapunto y punto. Y si de repente la ópera era considerada un espectáculo pernicioso y fuente de pecado, pues se prohibían las óperas y listo (aunque dentro del Vaticano —¡psssst! que nadie se entere—se siguieran representando).

La Villa Médici: Berlioz y las estatuas

El Gran Duque de Médici, Fernando I, fue ordenado cardenal en Roma a los 13 años y ejerció tal cargo hasta los 40 en que, por cuestiones dinásticas, se casó para tener descendencia. A los 27 años compró una propiedad con viñedos y grandes jardines donde hizo construir su palacio: la Villa Médici. Dichos jardines y la propia fachada del edificio fueron decorados con estatuas originales de la Roma clásica (como la famosa «Venus de Médici») que aparecían enterradas cada vez que se removía un palmo de tierra de la ciudad. Además, el duque de Médici compró obras de arte para decorar los grandes salones del palacio convirtiendo aquel lugar en uno de los más ricos de la capital. Cuando se trasladó a Florencia para asumir el cargo de Gran Duque de la Toscana se llevó buena parte del fondo artístico, pero dejó en Villa Médici las estatuas romanas, aunque años después, sus descendientes empaquetaron todo lo que pudieron y hoy día se pueden contemplar en diferentes museos de la capital toscana.

En los festejos de celebración de su boda en Florencia se representó una de las obras más importantes de la época: los conocidos como *Intermedios 1589*. Era habitual que entre los diferentes actos de una obra teatral se representaran «intermedios» musicales y poéticos para entretener al público. A veces, dichos intermedios acabaron siendo más interesantes y populares que la propia obra a la que acompañaban. El caso es que, para la representación de la comedia *La Pellegrina*, se encargó a los mejores

La Villa Médici.

músicos del momento, miembros de la llamada Camerata Fiorentina, la composición de seis intermedios que acabaron siendo un acontecimiento monumental. La interpretación seguida de todos ellos —que incluyen 30 canciones— dura cerca de hora y media, así que si le añadimos la obra de teatro a la que acompañan, podemos imaginar que el estreno se alargó un poco. Conste que el concepto «ópera» aún no se había desarrollado, pero que estaba a punto: este tipo de intermedios cantados se independizarían pronto y acabarían creando el nuevo género lírico. De hecho, uno de los

Algunos de los frescos de Villa Médici.

compositores y cantantes que intervino en los *Intermedios 1589* fue Jacopo Peri, considerado el autor de la primera ópera de la historia, *La Dafne*, en el año 1597.

A principios del siglo XIX la Villa Médici pasó a manos del gobierno francés como un efecto colateral de la ocupación napoleónica de la Toscana. Napoleón decidió que se instalara allí la Academia de Bellas Artes Francesa que desde 1666 tenía una «sucursal» en Roma. Dicha sucursal romana servía para que jóvenes artistas franceses becados pasaran tres años en Roma estudiando el arte clásico. Los afortunados que podían gozar de este periodo de estudios eran los ganadores del prestigioso

Premio de Roma instituido por la Academia Francesa en 1663 y que premiaba los mejores proyectos de arquitectura, pintura, escultura y grabado. En 1803, cuando la Academia se trasladó a la Villa Médici, se añadió un premio: el de creación musical. Desde entonces la Villa Médici se llenó de música y cada año llegaban a Roma los compositores premiados: Hector Berlioz, Charles Gounod, Georges Bizet, Jules Massenet, Claude Debussy, Gustave Charpentier, Paul Dukas, Nadia Boulanger, Lili Boulanger, Jacques Ibert o Henri Dutilleux, por citar solamente una docena.

Berlioz fue el primero de los inquilinos de la Villa Médici que, a la postre, serían reconocidos como grandes compositores. Durante su estancia, entre 1831 y 1832, más que asistir a conciertos y estudiar la música de la «Escuela de Roma» se dedicó a visitar los pueblos cercanos, a hacer excursiones por los montes Abruzos (en los Apeninos centrales), a beber vino, a hablar con la gente y a descubrir cómo era la música popular de aquellos parajes. Todas esas vivencias influyeron decisivamente en la música que compuso años después.

Hay quien cree que una de sus obras más famosas, la titulada *Harold en Italia*, la compuso en la Villa Médici, pero no es así. Poco después de su regreso a París, se celebró una interpretación de su *Sinfonía Fantástica*, y al acabar el concierto, el gran violinista Niccolo Paganini se le acercó y le dijo: «Tiene usted que componer para mí una obra para viola solista. Acabo de comprar una viola Stradivarius y necesita comer». Bueno, quizás no le dijo eso exactamente, pero sí que le encargó una obra para viola y orquesta y además le pagó una suma de dinero muy considerable. Lo de la viola Stradivarius también es verdad. Berlioz decidió escribir una especie de poema sinfónico basado en el libro de Lord Byron protagonizado por el joven Childe Harold. Efectivamente se inspiró en muchas de sus vivencias italianas, pero la obra fue compuesta en París. Cuando estuvo acabada, Paganini la ojeó y le dijo a Berlioz que no era aquello lo que él había pensado. Paganini quería una obra virtuosística llena de fuegos artificiales para lucirse con la viola mientras que Berlioz había compuesto una obra «concertante» donde la viola tenía un papel destacado, pero no furiosamente solista. Ante el disgusto de Paganini, Berlioz le dijo: «Tenía usted que habérsela encargado a otro». Pero Paganini le animó a estrenarla, aunque él no llegaría a tocarla jamás. Unos años más tarde, Paganini asistió a una interpretación de *Harold en Italia* y, al acabar el concierto, se dirigió a Berlioz, hincó una rodilla en el suelo y le besó la mano. No hace falta decir nada más.

A pesar de haber nacido en Bolonia, uno de los compositores más amados en Roma es Ottorino Respighi. Se instaló en la capital italiana en 1909, a los 30 años, y ya no se movió de allí. Es autor de docenas de obras —incluidas óperas y música de ballet— pero ha pasado a la historia por tres obras sinfónicas maravillosas dedicadas a Roma: *Fuentes de Roma* (1917), *Pinos de Roma* (1924) y *Fiestas de Roma* (1928). En la primera de ellas dedica la parte final a las fuentes de la Villa Médici. Según el propio autor: «Se anuncia un tema triste que se eleva sobre un suave chapoteo. Es la hora melancólica del ocaso. El aire está lleno del sonido de las campanas, el canto de los pájaros y el susurro de las hojas. Entonces todo esto muere suavemente en el silencio de la noche».

Actualmente ya no existe el Premio Roma, sino que los huéspedes de Villa Médici son becados por el proyecto que presentan. Mientras escribo estas líneas he sabido que los dos compositores en residencia actuales son la italiana Marta Gentilucci y el barcelonés Héctor Parra. El proyecto de ella es un trabajo interdisciplinar audiovisual y el de él es la creación de una ópera que se titulará *Orgía* sobre un texto del escritor y cineasta Pier Paolo Pasolini.

La Capilla Sixtina y el oído milagroso

Hubo un tiempo, siglos atrás, en que entrar a la Capilla Sixtina no era muy complicado. Forma parte de las dependencias del palacio Apostólico y, entre otras actividades, allí se reúne el cónclave para elegir nuevo papa, pero hay unos días al año en que se abre al público como por ejemplo, en Semana Santa. En aquellos tiempos llegabas a la Ciudad del Vaticano, en el centro de Roma, cruzabas la enorme y ovoide Plaza de San Pedro, contemplabas las columnas de Bernini y el obelisco, girabas hacia el Palacio Apostólico (a la derecha de la Basílica de San Pedro) y entrabas. Y ya está. Hoy día, visitar la Capilla Sixtina es un poco más complicado y hay que comprar entradas con antelación y por internet. Por cierto: se llama «sixtina» en honor al papa Sixto IV que la restauró en el siglo XV. Años después, Miguel Ángel pintó los espectaculares frescos de paredes y techo.

Según se desprende de algunos documentos (aunque la historia que voy a contar no está certificada) en 1770 Mozart y su padre visitaron Roma y, como lo hicieron en Semana Santa, visitaron la Capilla Sixtina. Fueron el miércoles para escuchar el *Miserere* de Gregorio Allegri que desde la

La Capilla Sixtina.

Por la puerta grande

Wolfgang y su padre entraron en el Vaticano por la puerta grande y seguro que pudieron escuchar el sonido de dos de las seis campanas que actualmente tiene la Basílica de San Pedro: «Rota», que pende allí desde el siglo XIII, y «Campanoncino» de principios del XVIII. El resto de campanas son posteriores: «Campanone», de 9 toneladas de peso (1785), «Campanella» (1825), «Predica» (1909) y «Ave María» (1932). El *plenum* es el repique de las seis campanas a la vez, y solamente se produce cuatro veces al año en grandes festividades litúrgicas. Si en nuestra visita a Roma coincidimos con alguna de ellas, podremos disfrutar del *plenum* y contarlo a nuestros nietos.

década de 1630 se interpretaba allí. Entraron, lo escucharon y, al volver a su alojamiento, Wolfgang Amadeus —que tenía 14 años— pidió papel y pluma y escribió de pe a pa toda la música del *Misere* que había escuchado. Toda. Sacar las partituras del Vaticano estaba prohibido, pero él, solamente con escuchar la obra una vez, tuvo suficiente para retenerla en la memoria y escribirla de cabo a rabo.

Su padre miraba una y otra vez aquellas partituras y no daba crédito. Efectivamente, allí estaba la obra de Allegri: todas las notas de cada una de las nueve voces repartidas en dos coros. Un manuscrito con la obra de unos diez minutos de duración, en estilo polifónico renacentista, y en la que Mozart había escrito incluso las partes improvisadas, los *abbellimenti* que normalmente no se fijaban en papel y se dejaban al buen gusto del cantante.

El padre decidió que, al día siguiente, volverían a la Capilla Sixtina y comprobarían *in situ* si la música escrita correspondía o no a la realidad. Fueron pero su gozo quedó en un pozo: el jueves se interpretó otro «miserere». Pues nada, tuvieron que esperar al viernes. Esta vez sí: se interpretó de nuevo el *Miserere* de Allegri y los Mozart comprobaron que la partitura manuscrita se correspondía con lo que cantó el coro de la Capilla Sixtina.

No se puede certificar si esta anécdota es real. El manuscrito de Mozart no ha aparecido nunca, pero sí que sabemos que en aquella época había dos o tres copias del Miserere repartidas por Europa, a pesar de que se decía que si la obra salía del Vaticano había pena de excomunión. Lo que sí es cierto es que, unas semanas después de este episodio, el papa Clemente XIV nombró a Mozart Caballero de la Orden de la Espuela de Oro.

Santa Cecilia, las faldas y el puñal

La Academia de Santa Cecilia es una de las instituciones musicales más importantes del mundo. Tiene más de 400 años de historia y actualmente su sede está en el Parque Auditorio de Roma, al norte de la ciudad. Allí están el Conservatorio Santa Cecilia y la Orquesta de la Academia de Santa Cecilia. Este auditorio es, en realidad, un complejo cultural que cuenta con tres salas de concierto cubiertas y una al aire libre. Se inauguró en 2002 y en el trascurso de las obras de construcción se encontraron restos arqueológicos del siglo VI a.C. que se pueden visitar en el mismo edificio. Desde 2020, el auditorio ha sido renombrado y ahora se llama Ennio Morricone, en honor al gran compositor de música cinematográfica que fue alumno de esta institución. Ser nombrado Académico de Santa Cecilia es un gran honor y un reconocimiento a la carrera musical. Actualmente lo son artistas como la pianista argentina Marta Argerich, el violoncelista estadounidense Yo-Yo Ma, la violinista alemana Anne-Sophie Mutter o el tenor español Plácido Domingo, por citar solamente algunos.

La Academia está dedicada a la patrona de la música, Santa Cecilia, una noble romana convertida al cristianismo y martirizada en el siglo III. Primero condenaron a muerte a su marido y después al cuñado. Cuando la tomaron con ella, primero intentaron ahogarla, pero sobrevivió, después la hundieron en agua hirviendo y tampoco falleció. Cuando finalmente decidieron degollarla por la vía rápida, el verdugo le asestó tres golpes de espada y no consiguió separar la cabeza del cuerpo, así que ella siguió con vida tres días más. Todos esos detalles se desprenden de diversos documentos, pero en ninguno de ellos se habla de música.

Uno de los grandes momentos de la Academia fue a finales del siglo XVII y principios del XVIII. Coincidió aquella época con el mecenazgo de la Reina Cristina de Suecia que, después de abdicar en 1654, se instaló en Roma donde financió proyectos culturales y donde se rodeó de científicos

Patrona de la música

A Santa Cecilia siempre se la representa tocando un órgano o un laúd, pero el motivo por el cual es patrona de la música sigue siendo un misterio. Quien le dio dicho patronazgo fue el papa Gregorio XIII en 1584 ya que, según él: «había demostrado una atracción irresistible hacia los acordes melodiosos de los instrumentos». Pues nada: con tamaña documentación incuestionable quedó fijada como patrona de la música y su festividad es el 22 de noviembre. El papa Gregorio murió pocos meses después y le sucedió Sixto Quinto, quien dio permiso para fundar la Academia de Santa Cecilia de Roma.

Santa Cecilia.

y artistas. Entre los músicos de la «corte» sueca en Roma, se contaban notables miembros de la Academia de Santa Cecilia como Corelli, Scarlatti o Stradella.

Alessandro Stradella fue un violinista con vida de película. En realidad, películas sobre su vida no se han hecho, pero sí que ha inspirado el argumento de cuatro óperas. Nació en Nepi en 1639 aunque desde joven residió en Roma, hasta que tuvo que huir por diversos asuntos de faldas y por un intento de estafa económica. Se instaló en Venecia pero siguió con sus andanzas violinísticas y donjuanescas. Esta vez fue contratado como profesor de música de una joven que tenía una relación de amancebamiento con un noble. El noble en cuestión pronto descubrió que Stradella no solo enseñaba música a su protegida, así que mandó un sicario para matar al músico. El sicario no le encontró ya que, avisado de las intenciones del noble, Stradella y la muchacha acababan de huir de la ciudad. El asalariado asesino les persiguió hasta Turín, donde casi consigue matar al violinista (de hecho, le dio por muerto y volvió tan tranquilo a Venecia). La chica ingresó en un convento y Stradella, una vez repuesto de las heridas, se marchó a Génova. En la ciudad costera, Stradella trabajó en el teatro de la ópera y estreno varias obras. Un día, en plena calle, fue asesinado a puñaladas. Nunca se descubrió el autor, pero el embarazo de aquella soprano con la que Stradella trabajaba tenía pinta de ser un motivo suficiente para que el padre de la chica o el exnovio despechado se tomaran la libertad de mandar a Stradella a otro barrio.

Alessandro Scarlatti nació en Sicilia, pero a los 12 años lo mandaron a Roma a estudiar música. Estrenó su primera ópera a los 18 años y a lo largo de su vida llegaría a estrenar más de cien. Ese primer estreno se produjo gracias a la reina Cristina de Suecia que, como hemos comentado, tenía su pequeña corte cultural instalada en Roma. Después de ello, la reina le nombró maestro de capilla de su palacio. A los 24 años cambió de palacio: se marchó a Nápoles donde trabajó para el virrey. Allí nació su sexto hijo, Domenico, que años más tarde llegaría a ser incluso más famoso que su padre. A los 40 volvió a Roma como maestro de capilla de la basílica de Santa María la Mayor donde compuso una de sus obras más famosas: la *Cantata para la Noche de Navidad* que estrenó ante el papa en 1707. Sus últimos años los pasó en Nápoles donde murió a los 65 años, aunque su música ya había pasado de moda eclipsada por la de los jóvenes autores, entre los cuales su hijo Domenico.

Domenico Scarlatti fue un virtuoso del clavicémbalo. A los 30 años fue nombrado director del coro de la basílica de San Pedro y a los 44 fue «fichado» por el rey de España. Vivió en Madrid durante 25 años —allí murió en 1757— y compuso docenas y docenas de sonatas para clave. Durante su estancia en Roma, en 1707, participó en un duelo de teclados contra Georg Friedrich Haendel. Se les invitó a ambos al palacio del cardenal Ottoboni y allí tocaron el clavicémbalo y el órgano. Después del concierto-batalla, el cardenal sentenció: «Haendel es superior en el órgano y, sin duda, Scarlatti es superior en el clavicémbalo».

Palacio Barberini.

La interrupción de Tosca en el Teatro dell'Opera

La historia de la ópera en Roma se remonta a principios del siglo XVII con representaciones privadas en palacios y en el Vaticano. Ya en 1632 el Palacio Barberini acogía representaciones multitudinarias y, a diferencia de Florencia, Venecia u otras ciudades donde se aplaudían los temas mitológicos, en Roma los argumentos solían ser o bien religiosos (vidas de santos o episodios bíblicos) o bien representaciones alegóricas de la virtud, la razón o la inocencia, es decir, con temática moralizante. La paradoja está en el hecho de que uno de los libretistas que estrenaban óperas sobre vidas de santos en el palacio Barberini también es considerado el creador de la ópera *buffa*, la ópera cómica que tantas alegrías ha dado al género: se trata del cardenal Giulio Rospigliosi que, años después, fue nombrado papa con el nombre de Clemente IX. Escribió una docena de libretos para óperas «sacras» como *San Alessio*, *I Santi Didimo e Teodora* o *San Bonifatio*, pero también *Dal male il bene* (1653), considerada la primera ópera *buffa* de la historia, inspirada en la obra teatral *No siempre lo peor es cierto* de Pedro Calderón de la Barca, con música de Antonio Maria Abbatini, otro de los insignes maestros de capilla de Santa María la Mayor.

El Teatro de la Ópera de Roma se inauguró en 1880. Desde entonces ha sufrido diversas remodelaciones y actualmente tiene un aforo de 1.600 localidades. Los romanos aficionados a la ópera siguen conociendo este templo operístico como el Teatro Constanzi, nombre del empresario que lo mandó construir. En él se han estrenados óperas indispensables, como *Cavalleria rusticana* (1890) de Pietro Mascagni o *Tosca* (1900) de Puccini y también se han producido grandes acontecimientos, como el estreno de la ópera dedicada a la patrona de la música *Cecilia* (1934) compuesta por el sacerdote Licinio Refice. Según aseguró el gran director Arturo Toscanini: «Refice sería el más grande operista de nuestros tiempos… si no fuera por la sotana», en referencia a que solamente escribía operas de tema sacro. Refice ocupó el mismo cargo que 250 años antes había ocupado Alessandro Scarlatti: maestro de capilla de Santa María la Mayor, la iglesia con el campanario más alto de Roma, y que guarda como reliquia una cuna usada por el mismísimo niño Jesús.

Volvamos a la ópera. El 14 enero 1900 toda Roma estaba expectante ante el estreno de la nueva ópera de Puccini: *Tosca*. Una obra dramática e intensa situada en la propia Ciudad Eterna cuya protagonista es precisamente una cantante de ópera. En esta ópera las pasiones humanas aparecen de forma desgarrada, reforzadas por una música maravillosa. El amor, la pasión, la violencia y, finalmente, la muerte, mantienen al espectador en vilo durante toda la representación en una obra que no presenta las interrupciones típicas de las óperas construidas a partir de arias, coros y recitativos. En este caso, el discurso musical es continuo y solo aparecen un par de arias que, por otra parte, se han convertido en dos de las más famosas de la historia de la ópera: *Vissi darte* (cantada por la soprano) y *E lucevan le stelle* (cantada por el tenor).

El día del estreno el «todo Roma» se citó en el Teatro Constanzi: artistas, políticos, intelectuales, empresarios… Antes de empezar, un policía fue hasta el camerino del director y le avisó de que la función se retrasaba ya que había una amenaza de bomba. El director no era otro que Leopoldo Mugnone, el mismo que estaba dirigiendo en 1893 en el Liceo de Barcelona el día del atentado en que explotó una bomba y causó veinte muertos. Finalmente, cogió la batuta y empezó la representación, pero el nerviosismo entre el público era evidente: la noticia había corrido como la pólvora (nunca mejor dicho) y la intranquilidad era notable. Hasta en dos ocasiones el director tuvo que parar a la orquesta porque el murmullo del público se convertía en ruido y no dejaba que se escuchara la música. Aun así, el último acto dejó a todos sin aliento: la protagonista sube hasta lo alto de la muralla del castillo de Sant'Angelo (ojo con el *spoiler* que se va a producir en la siguiente frase) y se precipita al vacío ante la mirada de todos, después de haber matado al malvado Scarpia y de haber comprobado que su amante Cavaradossi ha sido fusilado. 𝄞

Milán

No hay duda de que actualmente Milán es la capital de la moda, pero hace 300 años era reconocida como capital musical. Allí se estrenaban óperas en la temporada de los carnavales y los músicos de su catedral eran respetados en toda Europa. A principios del siglo XIX Milán contaba con más de 125.000 habitantes y actualmente ha multiplicado por 10 su población, convirtiéndose en la segunda ciudad más poblada de Italia después de Roma. Mozart visitó la ciudad a los 14 años y ya le encargaron la composición de una ópera. Al año siguiente, otra. Y al siguiente, una más. El compositor oficial de la corte milanesa, Johann A. Hasse, dejó escrito: «Este joven hará que al resto nos olviden para siempre». Unos años después se incendió el Teatro Regio Ducal (conste que Mozart no tuvo nada que ver) y se construyó uno nuevo que, a la postre, resultaría ser el teatro de ópera más famoso del mundo: el Teatro alla Scala.

La historia musical de la ciudad se nutre de su conservatorio de música (el más grande de Italia en la actualidad), de una editorial de gran prestigio (la Casa Ricordi) y de los estrenos operísticos que aquí vivieron grandes compositores acabados en «i» como Rossini, Bellini, Puccini y, especialmente, Verdi. El Duomo de Milán, una de las catedrales más grandes del mundo, ha observado con sus más de 600 años de historia el paso de la música por la ciudad y de grandes artistas, como Leonardo da Vinci que incluso colaboró en su construcción. La plaza que se abre ante su fachada siempre está llena de palomas, pero nunca se posan en la estatua dedicada al rey Vittorio Emanuele II. El truco está en que el monumento en cuestión está electrificado. Conste que hemos avisado.

Una representación de *L'elisir d'amore* en La Scala.

La Scala, templo de la ópera

El Teatro Regio Ducal estaba en funcionamiento desde 1717, pero se incendió en 1776. Inmediatamente se empezó la construcción de uno nuevo en los terrenos donde había estado la iglesia dedicada a Santa Maria della Scala y en 1778 se inauguró con una ópera de Antonio Salieri, que por aquel entonces era el compositor oficial de la corte de los Habsburgo. El encargo se lo hizo la emperatriz María Teresa de Austria que entre otros títulos ostentaba el de Duquesa de Milán. Su hijo Fernando era el Gobernador de Milán, así que todo quedaba en familia. En los libros de historia consta que fue Fernando el impulsor de la construcción del teatro, pero docenas de cartas de su madre demuestran que, en realidad, la que mandaba era ella desde Viena.

Los estrenos que se han vivido en La Scala lo convierten, sin ninguna duda, en el mejor teatro de ópera del mudo: *La gazza ladra* de Rossini (1817), *Norma* de Bellini (1842), *Nabucco* de Verdi (1842), *La Gioconda* de Ponchielli (1876), *Turandot* de Puccini (1926), y un larguísimo etcétera de títulos imprescindibles. Algunas primeras funciones fueron un auténtico fracaso y solamente las posteriores representaciones reivindicaron la partitura, como el caso de *Madama Butterfly* de Puccini en 1904. Los abucheos del público de La Scala empezaron pronto, acusando al autor de haberse copiado a sí mismo poniendo sobre el escenario una «nueva *Bohème*», la ópera con la que había triunfado unos años antes. El segundo acto fue casi imposible de escuchar por los gritos que había en la sala y eso que la soprano protagonista era Rosina Storchio, una de las divas más apreciadas en Milán en aquella época. Cuentan que, a mitad de la representación, una ráfaga de aire levantó el kimono de la soprano y alguien del público gritó «¡Está preñada!», a lo que otro respondió: «¡Sí, del director!». Vamos: todo un festival. El intermezzo instrumental de la obra también fue un espectáculo esperpéntico. En él, las flautas imitan el canto de los pájaros y se incluye en la orquesta el sonido de un reclamo de aves para ilustrar este momento pastoral. El público estaba atento y añadió espontáneamente silbidos, graznidos, cloqueos, gruñidos, mugidos, balidos, maullidos, rebuznos y todo tipo de kikirikís. Puccini retiró la ópera y confesó que se habían hecho pocos ensayos. Aun así, la revisó (hasta en cuatro ocasiones) y hoy día es una de las más interpretadas en todo el mundo.

Los *tifosi* de La Scala

Poco a poco La Scala fue ganando prestigio en el terreno de la lírica y ya en el siglo XIX era considerado el mejor teatro de Europa. También empezó a ser temido el público del gallinero, el llamado «loggione», que se las da de entendido y purista y silba, chilla y abuchea con total impunidad. Estos *tifosi* de la ópera han conseguido arruinar algunas representaciones e incluso actualmente siguen imponiendo su terrorismo lírico. En 2006 el tenor Roberto Alagna aseguró que no cantaría nunca más en la Scala después del tremendo abucheo que vivió en ese escenario cantando *Aida*. Se marchó a media función —un hecho insólito, a la par que poco comprensible— y tuvo que ser sustituido por un «cover» que cantó el resto de la ópera con lo puesto: en camisa y tejanos. No se han librado de sonoras pitadas cantantes como Pavarotti, Caballé, Bartoldi o la mismísima Maria Callas. Una lástima, ya que gracias a este grupo de desalmados la lista de directores, escenógrafos y cantantes que no quieren trabajar en Milán es cada año más larga.

Otra de las óperas de Puccini, *Turandot*, también tuvo un estreno peculiar en La Scala. Se celebró en 1926, cinco meses después de la muerte del autor, que la había dejado inconclusa. Solamente faltaba completar el final y había muchos apuntes del autor para hacerlo, así que la editorial Ricordi encargó a Riccardo Zandonai, compositor amigo de Puccini, que lo hiciera. El hijo del autor no estuvo de acuerdo y finalmente el encargo recayó en manos de Franco Alfano. El caso es que, el día del estreno —con el tenor aragonés Miguel Fleta cantando el papel de solista— el director de la orquesta, Arturo Toscanini, paró la interpretación antes de la escena final, bajó la batuta, se giró hacia el público y dijo: «¡Aquí el maestro terminó!». Se bajó el telón y así acabó la función. En las siguientes representaciones se interpretó la obra con el final acabado por Alfano y, conste, revisado por Toscanini.

En 1808, Giovanni Ricordi, un violinista milanés interesado en la impresión musical decidió abrir una editorial en su ciudad: así nació uno de los sellos editoriales más importantes del mundo musical, la Casa Ricordi. Rápidamente vio que convertirse en representante de los compositores líricos italianos daba un sustancioso rédito y añadió a su nómina autores como Rossini, Donizetti, Bellini, Verdi o Puccini. *La crème de la crème*. En realidad, su idea fue muy simple, pero muy efectiva: en aquella época no se imprimía ninguna partitura de ópera, sino que las copias se hacían a mano y normalmente había una única copia de cada ópera. Ricordi hacía firmar un contrato a sus compositores según el cual las partituras con las que se había interpretado la ópera, al acabar la representación quedaban en poder del editor. Quien quisiera interpretar de nuevo esa obra, tenía que alquilarle los papeles a la Casa Ricordi y él ya se encargaba de pagar unos «derechos editoriales» a los autores. Ese sistema, con algunos pequeños ajustes, sigue funcionando hoy día en la música sinfónica y operística. En 1825 compró los manuscritos del archivo del teatro de La Scala y en 1839 firmó un contrato de por vida con Verdi. Cuando Giovanni Ricordi murió, la editorial contaba con 25.000 obras en su catálogo. La familia Ricordi siguió dirigiendo la editorial durante años, pero hoy día, aunque sigue manteniendo sus oficinas en Milán, forma parte de la multinacional más potente del mundo musical, Universal Music Group, que edita partituras y discos de artistas como Andrea Bocelli, Daniel Barenboim, Ainhoa Arteta, Lady Gaga, Eminem, Queen, The Rolling Stones, Bon Jovi, Taylor Swift, Mariah Carey, Justin Bieber, Bob Marley, José Luis Perales, Isabel Pantoja o Paco de Lucía.

Mozart adolescente.

Mozart: un adolescente en Milán

Cuando Mozart visitó Milán en 1770 lo hizo acompañado de su padre con la idea de encontrar trabajo. Solamente tenía 13 años, pero su padre confiaba que en una u otra de las innumerables cortes italianas del Ducado de Milán, de la República de Venecia, de los Estados Pontificios o del Reino de Nápoles sabrían apreciar el talento de su hijo. El 23 de enero —Mozart cumpliría los 14 cuatro días después— llegaron padre e hijo a Milán tras un viaje de seis semanas desde Salzburgo bajo el frío y la nieve. Se instalaron en el Monasterio de San Marco y fueron a visitar al que sería su principal mecenas, el Conde Firmian. Este les invitó a participar en diversos conciertos y les mostró su colección de textos de Metastasio, el principal poeta de la época, autor de los libretos de ópera más aclamados del momento. Firmian ofreció un par de poemas a Wolfgang Amadeus para que les pusiera música. A los pocos días se estrenaron en un concierto y el éxito fue tal que Mozart recibió el encargo de componer una ópera para ser estrenada en diciembre de ese mismo año: *Mitridate, Re di Ponto*.

Como quedaba mucho tiempo para el estreno, el padre decidió que viajarían unos meses por Italia: Parma, Bolonia, Florencia, Roma, Nápoles… En octubre ya estaban de vuelta y Mozart se puso manos a la obra para acabar la ópera y ensayar con los cantantes. El 26 de diciembre se estrenó con gran éxito y, en días posteriores, se llegó a interpretar en veinte ocasiones, todo un récord por la época. Gracias a este triunfo le hicieron dos nuevos encargos: una ópera para ser representada en agosto en motivo de la boda del archiduque Fernando y otra para inaugurar la temporada lírica del año siguiente. Así que Mozart volvió por segunda vez a Milán unos meses después (agosto de 1771) para estrenar *Ascanio in Alba*. Fue en esa ocasión cuando el reputado compositor Johann Adolph Hasse (autor de cerca de 70 óperas) sentenció: «Este chico hará que nos olviden a todos». Efectivamente, así fue: ¿alguien ha escuchado una ópera de Hasse?

El tercer viaje fue a finales de 1772 para estrenar *Lucio Silla*. El libretista fue Giovanni de Gamerra, pero quien revisó el texto fue Metastasio en persona, que ya tenía 74 años. Digamos de paso que los libretos originales de Metastasio no suman más de un par de docenas, pero el número de óperas a las que dieron lugar se acerca a las 900. Hoy día sería extrañísimo que un texto operístico fuera el mismo para dos óperas distintas, pero en aquella época era lo más habitual. *Semiramide* fue musicada por 29 compositores distintos, *La clemenza di Tito* por 44 (incluido Mozart), *Adriano in Siria* por 58, Demofonte por 74 y la palma se la lleva *Artaserse*, un texto que sirvió de libreto a 91 óperas distintas.

El éxito de la tercera ópera milanesa de Mozart fue notable y también se representó durante tres semanas. Pero el objetivo principal de estos viajes —conseguir un puesto de trabajo bien remunerado— no se logró. Así que, a principios de 1773, ya con 17 años, Mozart dejó Milán y nunca más volvió a pisar Italia.

El Duomo y el archiórgano

La súper-catedral de Milán tiene en su interior un súper-órgano. Si del edificio se dice que es uno de los templos católicos más grandes que hay en el mundo (ocupa el cuarto o quinto lugar y puede acoger a 40.000 personas), sobre el órgano no hay discusión: es el más grande de Italia y el segundo más grande de Europa, tras el de la catedral de Passau. El archiórgano de Milán tiene 15.800 tubos, el más grande de los cuales mide nueve metros de altura. El instrumento tiene cinco cuerpos distintos, separados entre sí, en los que se acomodan más de 140 registros. La consola principal desde la que se toca el órgano tiene 337 teclas repartidas en cinco teclados para las manos (de 61 teclas cada uno) y 32 teclas más en el teclado de los pies. Pero no es la única consola: hay cuatro más, una de ellas con tres teclados (la del altar), la otra con dos (la del coro) y finalmente dos consolas más (en la tribuna) con un teclado cada una.

Este monstruo sonoro fue encargado por Mussolini e inaugurado en 1938, coincidiendo con el 400 aniversario de Carlo Borromeo, el santo varón arzobispo de Milán que luchó contra la peste en la ciudad en el siglo

Un clavo de la cruz de Cristo

Se dice que Carlo Borromeo luchó contra la peste sacando en procesión la reliquia más preciada de Milán: un clavo de la cruz de Cristo que se guarda tras el altar de la catedral. Actualmente este clavo se expone para el culto en septiembre de cada año en el día de la Exaltación de la Cruz, una ocasión inmejorable para rezar y, naturalmente, escuchar cómo suena el órgano.

XVI y cuyos restos reposan en la misma catedral. En realidad, allí reposan «casi» todos los restos, ya que el corazón está incorruptamente guardado en una iglesia de Roma.

Otro órgano interesante de Milán se encuentra en la iglesia de San Marco. Se trata de un instrumento histórico construido en el año 1506 y, con 500 años de historia en sus teclados, ha tenido que ser restaurado en diversas ocasiones. En él pusieron sus manos músicos insignes como Sammartini, Mozart (que se alojó en esas dependencias durante tres meses) o Verdi, que estrenó su monumental *Requiem* en esta iglesia en 1874. El órgano de la iglesia de San Antonio Abad también es el original y también consta que Mozart lo tocó. Si queremos que alguna partícula mozartiana nos contamine, también podemos visitar el Museo de la Música de Milán, situado en el imponente Castillo Sforzesco, en el que hay un teclado antiguo, una espineta, que aseguran que también fue tocada por Mozart. Pues nada: si en 250 años no la han limpiado con ningún producto muy agresivo, ahí también habrá moléculas mozartianas.

El órgano de Milán.

Conservatorio Giuseppe Verdi.

El Conservatorio Giuseppe Verdi

Hoy día, el Conservatorio de Milán es el más grande de Italia y uno de los más prestigiosos. Mira por donde, lo que son las cosas, se llama Conservatorio Giuseppe Verdi y en él han estudiado insignes músicos como los compositores Mascagni y Puccini, los directores Abbado y Muti o los pianistas Maurizio Pollini y Ludovico Einaudi. Pero Verdi, no.

La Casa Verdi y el merecido reposo

El retrato del músico que ocupa más escaparates, cafés y esquinas de Milán es, sin duda, Giuseppe Verdi. Es el músico predilecto de los milaneses, a pesar de que nació a 100 km de distancia. A los 17 años pisó Milán por primera vez con la intención de matricularse como alumno en el conservatorio, pero le rechazaron. Ni tenía la edad adecuada (era demasiado mayor), ni tocaba tan bien el piano como cabría esperar, y además era «extranjero» ya que no era milanés sino ciudadano del Ducado de Parma. Aun así, se instaló en la ciudad y empezó a trabajar como asistente en una sociedad filarmónica.

En 1839, a los 26 años, Verdi estrenó su primera ópera en La Scala con un éxito moderado, pero suficiente para que el director del teatro le encargara dos óperas más. La primera de ellas fue una ópera bufa, alegre y divertida, que solamente se representó una vez: ante el fracaso del estreno, el teatro la retiró de la programación. Verdi casi ni reaccionó: todavía no había superado la reciente muerte de su esposa y de sus dos hijos. Vamos, que la cosa no estaba como para ir escribiendo óperas cómicas. Pero tenía un contrato firmado para escribir una ópera más y, con muy pocas ganas, se puso manos a la obra.

La tercera ópera de Verdi, esta vez sí, fue todo un éxito. *Nabucco*, estrenada en La Scala en 1842, trata sobre un tema bíblico y aparece la opresión que sufría el pueblo judío bajo el yugo de Babilonia 600 años antes de Cristo. Pero los italianos contextualizaron la historia y la interpretaron como si se tratara del mismo sufrimiento que ellos estaban padeciendo bajo la dominación austríaca desde hacía décadas. Así, a parte de las virtudes musicales de la ópera, corrió como la pólvora que se trataba de una obra de reivindicación nacionalista. El éxito fue atronador, el público salía de las representaciones cantando la melodía «Va pensiero», el coro de los esclavos, y en Milán aparecían grafitti en los que se leía: «VIVA VERDI». A parte de los ánimos hacia el compositor, en realidad eran pintadas del acrónimo insignia del *risorgimento*: Vittorio Emanuele Re D'Italia (V.E.R.D.I.). Muchos historiadores aseguran que la aparición de este acrónimo por las paredes de Italia es de finales de la década de 1850, pero en este caso prefiero que los datos históricos no me arruinen una buena historia. La unificación italiana bajo el reinado de Vittorio Emanuele II no se produjo hasta 20 años después y Verdi fue invitado a formar parte del primer Parlamento Italiano. Accedió, porque a esas alturas ya era un personaje muy conocido, pero no participó en las actividades políticas.

Verdi siguió componiendo óperas sin parar (en total, 28) aunque durante unos 30 años no estrenó ninguna en La Scala. Trasladó sus estrenos a otros teatros de ciudades como Venecia, Roma, Trieste, París o Nápoles, pero después del estreno de *Aida* en El Cairo, el hijo pródigo volvió a casa y estrenó en Milán sus dos últimas óperas. En realidad, sus últimas tres, ya que el estreno «auténtico» de *Aida* consideró que fue el de Milán en 1872, ya que a la representación que se había hecho en El Cairo con motivo de la inauguración del Canal de Suez solamente habían acudido políticos y empresarios, pero no público general.

La última de las obras de Verdi y de la que estaba muy orgulloso fue la construcción de la «Casa di Riposo per Musicisti», una institución que aún sigue activa en Milán, en la plaza Michelangelo Buonarotti nº 29. Invirtió parte de su fortuna en crear este asilo para músicos jubilados que necesitaran ayuda en sus últimos años. Actualmente viven en ella unos 60 usuarios y, además, acoge una docena larga de estudiantes que comparten el día a día con los músicos jubilados. Se inauguró en 1902, unos meses después de su muerte, por voluntad expresa de Verdi que no quería que se inaugurara mientras él estuviera vivo. En la cripta de la casa se puede visitar su tumba, donde está enterrado junto a su segunda esposa, Giuseppina Strepponi.

Venecia

Dicen de los gondoleros de Venecia que, para superar el examen que les permitía entrar en el gremio, tenían que afrontar duras pruebas de navegación a remo, de conocimiento de la ciudad con sus cientos de canales, de historia del arte, de idiomas… y también tenían que superar una prueba de canto. Lo del examen de canto quizás solo es leyenda (unas fuentes dicen que sí y otras que no), pero nadie pone en duda que uno de los atractivos de la Venecia clásica era que los gondoleros, cantar, cantaban.

Pero no fueron solamente los gondoleros cantores los que hicieron de Venecia una ciudad musical. En las épocas del Renacimiento y del Barroco (siglos XVI a XVIII) fueron sus iglesias, sus conservatorios, sus ospedali, sus teatros de ópera y, sobre todo, el hecho de ser una ciudad rica, con docenas y docenas de palacios. En ellos vivían príncipes, duques, embajadores, comerciantes, políticos y miembros de la curia ávidos por escuchar las novedades musicales que llegaran de cualquier lugar, haciendo honor a su condición de ciudad comercial cosmopolita y abierta al mundo. Sin olvidar, claro está, los excesivos carnavales venecianos repletos de música a todas horas con serenatas, conciertos, óperas y coros improvisados en mitad de la calle. Venecia llevó al extremo el culto por el placer y por la buena vida. Se convirtió en una capital cultural de primer nivel, pero también de fiesta y desenfreno. Algunos viajeros la llamaron «el burdel de Europa» y, a finales del siglo XVI, el papa Gregorio XIII declaró: «Soy papa en todas partes, excepto en Venecia».

En esos años vivieron en Venecia grandes músicos como Zarlino, Gabrielli, Monteverdi, Caldara, Vivaldi, los hermanos Marcelo, Albinoni, Tartini o Cimarosa, y uno de los cargos más prestigiosos y disputados fue el de maestro de coro de la Catedral de San Marcos. La ciudad contaba con más 150.000 habitantes que llenaban cada tarde siete teatros de ópera y siete más de comedia para disfrutar de las obras creadas por autores como Carlo Goldoni, el dramaturgo veneciano por excelencia.

En nuestra visita musical a Venecia navegaremos por los canales, pasaremos bajo el Puente de los Suspiros, entraremos en la basílica de San Marcos, descubriremos como era la vida en los famosos orfanatos de la ciudad y escucharemos ópera en La Fenice. Tal como dijo Friedrich Nietzsche, «cuando busco un sinónimo de música, encuentro una sola palabra: Venecia».

Uno de los famosos orfanatos venecianos.

Las niñas huérfanas y la Sala de Música

Sobre el año 1700, en Venecia había cuatro orfanatos que, aunque no lo confesaran abiertamente, competían entre ellos por tener la mejor orquesta. Eran instituciones religiosas centenarias e incluso sus nombres tenían una cierta cadencia musical: el *Ospedaletto*, *I mendicanti*, *Gli incurabili* y *La Pietà*. Efectivamente, además de acoger niñas huérfanas (los orfanatos de Venecia eran esencialmente femeninos), les enseñaban música y celebraban conciertos cada semana. Actualmente se pueden visitar los cuatro, aunque presentan diferentes grados de conservación.

Las *figlie del coro*

Las actuaciones de las llamadas *figlie del coro* crecieron en calidad y pronto se convirtieron en un concurrido espectáculo. En pocos años el *Ospedaletto* ya contaba con su propia orquesta, bajo la dirección de los reputados maestros de la basílica de San Marcos. Fue cuestión de tiempo que el resto de *ospedali* copiaran la idea.

La historia de los orfanatos venecianos se remonta a la época de las cruzadas: la ciudad ofrecía una serie de hospitales para peregrinos y damnificados de guerra que pronto ampliaron su atención a todo tipo de personas necesitadas, desde inválidos e indigentes a nobles arruinados o ancianos, dando una especial atención a los huérfanos. Según parece, el primero de los *ospizi* de la ciudad fue fundado antes del año 1.000. A los niños se les enseñaba un oficio y a las niñas se las educaba para casarlas (si podía ser antes de los 16 años, mejor). Gracias a las ayudas estatales y a las generosas donaciones de la nobleza, estas instituciones vivieron su momento de esplendor en los siglos XVII y XVIII.

El giro musical de estas instituciones se inició en el siglo XVI cuando Jerónimo Emiliani (santificado después por la Iglesia y declarado patrón de los huérfanos), promovió en su orfanato el estudio de la música. San Jerónimo dirigió el Ospizio dei Derelitti (de los «abandonados» o «desamparados») conocido como Ospedaletto, ya que era el más pequeño de los cuatro de la ciudad. Enseñaba a cantar a los niños y los sacaba en procesión por Venecia para recaudar fondos para la institución. Las niñas (que no podían salir del edificio) eran educadas para ejercer los más diversos trabajos —desde cocineras, lavanderas o costureras, a sirvientas o ayudantes de comercio— y solamente las más dotadas para la música cantaban en las celebraciones eucarísticas.

A principios del XVIII las orquestas de los cuatro ospitali maggiori venecianos eran un reclamo turístico de primer orden. Todas las crónicas de la época, cartas de viajeros y referencias de nobles y embajadores dan fe de ello: asistir a un concierto (o a una misa) en alguno de estos orfanatos era una experiencia maravillosa, con voces angelicales y chicas de todas las edades vestidas de blanco situadas detrás de celosías que apenas dejaban intuir visualmente su presencia. Hay que decir que a las chicas que conseguían casarse se les permitía seguir ejerciendo la música en ámbitos privados, pero no de forma profesional. Los maridos organizaban veladas para mostrar los encantos musicales de sus esposas, pero no podían lucir sus habilidades más allá de las paredes de sus casas. Muchas de las que no se casaban se quedaban en el ospedale como profesoras.

Solamente algunas, especialmente entre las cantantes, consiguieron hacer carrera musical.

El mencionado Ospedaletto es, hoy en día, uno de los puntos turísticos importantes de Venecia. Se fundó hace 500 años y en él se pueden visitar, a parte de la iglesia dedicada a Santa María de los Desamparados, el patio llamado de «Las cuatro estaciones», construido en 1667, donde se alojaban las chicas del orfanato. Cabe decir que el nombre del lugar no tiene nada que ver con las famosísimas *Cuatro estaciones* que Vivaldi compuso muchos años después. La estancia de mayor atracción turística es la famosa Sala de Música, situada en el primer piso. La sala tiene forma elíptica y se construyó con las esquinas redondeadas para permitir la mejor proyección de la música que en ella se interpretaba. En las paredes y el techo se conservan los maravillosos frescos que Jacopo Guarana pintó en 1776 con alegorías de la música y de Apolo rodeado de doncellas cantoras. El efecto tridimensional de las pinturas (el famoso *trompe l'oeil* barroco) consigue dar una sensación de mayor amplitud a la sala.

Pero quizás la historia más apasionante del Ospedaletto protagonizada por un pintor se produjo cincuenta años antes y en ella aparece, precisamente, el que fuera maestro de Guarana. Vayamos por orden: en 1716 el pintor Domenico Guardi murió repentinamente a los 37 años dejando a su señora a cargo de seis hijos. La viuda de Guardi, viendo que no podía hacerse cargo de la situación, mandó a los hijos mayores como aprendices al taller de un pintor y a su hija mayor, Cecilia Guardi, la ingresó en el Ospedaletto. La chica ya era algo mayor para ser aceptada (tenía 15 años), pero parece ser que su voz de soprano ayudó a que entrara en el orfanato. Desde hacía un año, la iglesia del Ospedaletto estaba siendo decorada por un grupo de pintores y, durante los ensayos, Cecilia se fijó en uno de los jóvenes artistas que pintaba frescos en techos y paredes. Unas miradas aquí y unas sonrisas allá, unos meses más tarde la cosa acabó con la fuga de ambos y una boda en secreto. Tuvieron nueve hijos y vivieron juntos 50 años. El pintor en cuestión llegaría a ser el artista más importante de Venecia y uno de los más importantes de Europa: Gianbattista Tiepolo. Uno de sus últimos trabajos fue pintar los frescos de los techos del Salón del Trono del Palacio Real de Madrid por encargo del rey de España Carlos III.

Del orfanato de los Incurables (Incurabili) solamente quedan la fachada y el claustro, ya que la iglesia fue demolida en 1832. Aun así, se puede apreciar la parte donde estaba erigida la iglesia que, por su forma ovoidal y sus esquinas redondeadas como si fuera una caja de violín, dicen que tenía una sonoridad perfecta. Algunos de los grandes maestros que trabajaron en los *Incurabili* fueron Nicola Porpora, el gran compositor de óperas contemporáneo de Bach y Haendel, y Baldassare Galuppi, nacido en la isla veneciana de Burano y conocido especialmente por sus óperas *buffas* de las que llegó a escribir cerca de un centenar. Actualmente, el edificio acoge la Academia de Bellas Artes de Venecia, cuyo primer presidente fue, precisamente, Gianbattista Tiepolo.

El orfanato «de los mendigos» (I mendicanti) era el más antiguo de los cuatro grandes orfanatos venecianos. Fue creado en el siglo XIII y vivió diversas ampliaciones. La iglesia actual destaca por tener un amplísimo vestíbulo que permite amortiguar el ruido del exterior cuando se celebran misas y conciertos en el interior y en uno de sus altares cuenta con pinturas de otro de los grandes pintores venecianos, Jacopo Tintoretto. Uno de los profesores de la institución fue Giovanni Battista Vivaldi, padre de Antonio Vivaldi —del que hablaremos más adelante— y algunas de sus internas llegaron a ser famosas intérpretes a pesar de la prohibición que pesaba sobre ellas de no ejercer profesionalmente la música: Bianca Sacchetti y Adriana Ferrarese fueron excelentes sopranos (la segunda actuó en el estreno de *Las bodas de Figaro* de Mozart) y Maddalena Lombardini fue una gran violinista, alumna de Giuseppe Tartini, y compositora que incluso actuó en París y Londres.

Giuseppe Tartini es el violinista veneciano más famoso de todos los tiempos, y su vida parece sacada de una novela de capa y espada. Estudió en Padua violín, derecho y esgrima. A los 18 años se casó en secreto con su amada Elisabetta, huérfana protegida por un cardenal. El clérigo en cuestión acusó a Tartini de secuestro y lo mandó detener por lo que Tartini tuvo que huir y esconderse durante casi tres años en el convento franciscano de Assís antes de poder volver a reunirse con su esposa. Ya nada los separaría (excepto los numerosos viajes de él), y vivieron juntos más de cincuenta años. Se instalaron en Padua donde dio clases a la violinista Lombardini. La obra más famosa de Tartini es la sonata *El trino del diablo:* según él, una noche mientras dormía en su casa de Venecia, soñó que el mismísimo Belcebú tocaba el violín a los pies de su cama. Cuando despertó empezó a olvidar lo que había tocado el violinista satánico, y se apresuró a transcribirlo en un papel. Tartini nunca confesó qué sustancia había tomado la noche anterior… Sea o no verdad, la interpretación de dicha obra (especialmente hacia el final) requiere un movimiento de dedos diabólico.

Antonio Vivaldi.

Vivaldi y el Ospedale della Pietà

El mayor de los cuatro *ospedales* de Venecia era el de la Pietà donde Antonio Vivaldi trabajó durante prácticamente toda su vida. Poco después de su muerte, el edificio fue rehabilitado por completo y del antiguo orfanato situado en la Riva degli Schiavoni solamente quedan algunas columnas: la mayor parte del edificio se ha convertido en el actual Hotel Metropole. Hay quién dice que por sus pasillos y habitaciones aún se pueden escuchar los ecos de la música que escribió Vivaldi en aquel lugar y que las chicas de la *Pietà* tocaron con la orquesta. Se calcula que Vivaldi llegó

La *scaffetta* de la Pietà

La *scaffetta* de la Pietà (una suerte de ventana giratoria en la que eran depositados los bebés abandonados) era una de las más concurridas, aunque no todas las internas del centro eran huérfanas: a menudo, niñas y chicas adolescentes de la nobleza ingresaban en la institución para recibir educación musical. El orfanato aceptaba a estas niñas de familias ricas a cambio de generosas donaciones. Algunas familias solventes llegaron incluso a abandonar allí a sus hijos para asegurarles así una buena educación a cargo del dinero público, situación que obligó a dictar un bando denunciando tal actitud y penándola con la excomunión.

a componer más de 700 obras para la orquesta del orfanato, un auténtico laboratorio de sonidos que el compositor veneciano aprovechó para sacar el máximo rendimiento a su música.

Vivaldi, que además de violinista era sacerdote, fue responsable de la orquesta de La Pietà en diferentes etapas, y la convirtió en la mejor de Venecia llegando su prestigio más allá de las fronteras italianas. En algún momento, La Pietà llegó a contar con 60 *figlie di coro*, un número muy superior al de los otros ospedali, que no tenían más de 20 o 30 chicas dedicadas a la música. La exigencia de La Pietà en el terreno musical era máxima, y lo demuestra el hecho de que en el orfanato vivían más de 500 internas de las que menos del 10% recibían una educación exclusivamente musical.

De La Pietà también salieron relevantes profesionales de la música, como la cantante Anna Giraud (que cantó hasta los 38 años, edad en la que se casó y entonces se retiró de la vida artística) o compositoras y maestras de música como Agata della Pietà, Michielina della Pietà y Santa della Pietà.

Es conocido que Vivaldi se retiró de sus obligaciones eclesiásticas muy pronto, alegando problemas de asma, y de esta manera pudo dedicarse por completo a la música. Paralelamente a su trabajo como profesor de violín llevó a cabo una carrera exitosa (y económicamente satisfactoria) como compositor de óperas. Llegó a estrenar más de cuarenta y alguna de ellas lo hizo bajo pseudónimo para esconder su pertenencia al clero, ya que la temática de las mismas, especialmente las óperas *buffas* o cómicas, no resultaban apropiadas para un sacerdote… pero sí los beneficios que de ellas se podían sacar. Es el caso, por ejemplo, de la ópera *Aristide*: consta como autor del texto un tal Calindo Grolo (que en realidad es el anagrama de Carlo Goldoni, el gran escritor de comedias veneciano) y como autor de la música un tal Lotavio Vandini (anagrama de Antonio Vivaldi). Podríamos pensar que no era una forma muy efectiva de mantenerse en el anonimato, pero Vivaldi aprovechaba el hecho de que uno de sus colegas en el claustro de La Pietà se llamaba

Antonio Vandini, un gran violonchelista amigo de Tartini. De esta forma se creaba un malentendido que ha llegado hasta nuestros días: ¿Cuándo el nombre de Vandini escondía el de Vivaldi y cuándo no?

La obra más famosa de Vivaldi es, sin duda, *Las cuatro estaciones*. Se trata de cuatro obras para violín solista y orquesta que Vivaldi compuso en Venecia hacia 1720 y que, seguramente, interpretaron las chicas de *La Pietà*. La particularidad de esta obra es que cada pieza va acompañada por un soneto que describe el ambiente de cada una de las estaciones: en la primavera se habla de pájaros y fuentes, en el verano del aplastante calor y de las súbitas tormentas, en el otoño de las hojas que caen y de la lluvia, y en el invierno del gélido viento y del suelo helado que hace que los caminantes resbalen. La música describe, frase por frase, cada uno de estos elementos con «efectos» como *pizzicatos* o *glisandos* incluidos y, desde su estreno, siempre fue una obra muy aplaudida. El problema con el que se enfrentaba Vivaldi era la difusión: ¿Cómo se podía llegar a un público mayor? ¿Cómo podía hacer sonar su música más allá de las iglesias y teatros de Venecia? La clave estaba en la edición impresa, muy precaria todavía en esa época. Vivaldi publicó algunas obras con editoriales venecianas, pero no quedó satisfecho, así que mandó *Las cuatro estaciones* a Amsterdam, a 1.000 Km de distancia. Allí, el editor Michel Le Cène le aseguró una impresión impecable y una distribución y venta de las partituras por las principales capitales europeas. Así fue como *Las cuatro estaciones* empezó a ser conocida en todas partes: las partituras estaban disponibles y los músicos podían comprarlas e interpretarlas donde quisieran. La primera grabación discográfica de *Las estaciones* es anterior a 1940 y desde entonces se considera la obra de música clásica que se ha grabado más veces.

San Cassiano: el primer teatro de ópera

Italia es la cuna de la ópera. Los primeros espectáculos de teatro cantado, con arias a solo, dúos, coros y fragmentos orquestales, incluso con números de baile (es decir: lo que hoy en día llamamos una ópera) se celebraron sobre el año 1600 en Florencia y en Mantua. Estas primeras *opera per música* fueron un intento renacentista de recuperar el teatro clásico de la antigua Grecia, de ahí que se diera un importante papel al canto. Se considera que el primer gran título, la primera gran ópera de la historia, fue *La favola*

Representación de los Gonzaga de Mantua.

Otros teatros venecianos

La lista de teatros operísticos venecianos empieza con San Cassiano en 1637 y sigue con Santi Giovanni e Paolo (1639), San Moisé (1639), Sant'Apollinare (1651), San Samuele (1655), San Salvatore (1661), Sant'Angelo (1677) y San Giovanni Grisostomo (1678), por nombrar solamente los primeros, siempre con nombres asociados a la parroquia más próxima.

d'Orfeo (1607) que Claudio Monteverdi representó en Mantua. El público de estas primeras óperas (todas ellas de temática mitológica) eran familias nobles, ya que los espectáculos se celebraban en las grandes salas de sus palacios: los Medici de Florencia, los Gonzaga de Mantua y pronto también el papa en Roma.

Pero la visión comercial y lúdica de los venecianos les hizo ver que aquellos espectáculos cortesanos podían ser una suculenta fuente de ingresos si se ofrecían a un público mayor, previo pago de una entrada. Durante las fiestas de carnaval de 1637, los compositores Francesco Manelli y Benedetto Ferrari alquilaron el Teatro San Cassiano para representar allí con su compañía de cantantes la ópera *Andromeda*. El éxito fue inmediato y, en pocos años, otros teatros de Venecia empezaron a representar óperas abiertas a todo aquel que pudiera pagar una entrada. Manelli, que además de compositor era cantante con tesitura de bajo, y su esposa Maddalena, soprano, contaban con el mecenazgo de Basil Feilding, el embajador inglés en Venecia, que por aquel entonces vivía en la ciudad con la única ocupación de comprar obras de arte para la corona inglesa. Al año siguiente, Manelli estrenó *La maga fulminata*, también en San Cassiano, y en 1639 le encargaron una ópera para inaugurar un nuevo teatro: el Teatro de Santos Giovanni y Paolo, en el que llegaría a estrenar tres óperas más.

Actualmente del Teatro San Cassiano no queda casi nada (fue derribado en 1812), pero en la edificación que se alza en su lugar se pueden intuir aberturas tapiadas que correspondían a las entradas del teatro.

La ópera pública se extendió rápidamente por Italia: después de Venecia, se abrieron teatros en Nápoles y en Milán. Roma, capital de los Estados Pontificios, tardó más tiempo ya que, siendo la ópera un espectáculo profano, los permisos no fueron fáciles de conseguir a pesar de que en el interior del Vaticano se celebraban representaciones de ópera exclusivas para la curia desde hacía años.

Cantar en La Fenice o en la góndola

La Fenice es uno de los teatros de ópera más famosos y prestigiosos del mundo. Fue inaugurado en 1792 y, como todo buen teatro antiguo, se ha incendiado un par de veces. Como su nombre indica («Fenice» significa «Fénix»), el renacer de las cenizas forma parte de la historia del teatro desde sus inicios. En 1774, el Teatro San Benedetto de Venecia se incendió. Después de años de disputas judiciales, la compañía teatral que lo explotaba perdió los derechos para seguir ejerciendo la actividad en el teatro reconstruido, así que decidie-

Los incendios de La Fenice

El resurgimiento de esta Ave Fénix se vivió de nuevo tras el incendio de 1836 y, otra vez en 1996, cuando el 29 de enero un incendio destruyó completamente el edificio (un incendio extrañamente parecido al que dos años antes había destruido el Gran Teatro del Liceo de Barcelona).

ron recaudar fondos entre las familias propietarias de los palcos y construir uno nuevo. Lo llamaron «La Fenice» para conmemorar el resurgir de la compañía.

En La Fenice se han estrenado algunas de las óperas más famosas de la historia, como *Tancredi* y *Semiramide* de Rossini, *Capuletos y Montescos* de Bellini, *Belisario* de Donizetti, diversas de Verdi como *Ernani*, *Rigoletto* o *La Traviata* e incluso *The Rake's Progress* de Stravinsky. Son muy pocos los teatros italianos que pueden lucir un palmarés equivalente, quizás solamente La Scala de Milán y el San Carlo de Nápoles. Una de las apariciones estelares de La Fenice en el mundo del cine fue en la famosa escena de las octavillas en *Senso* de Lucino Visconti.

Desde 2003, La Fenice vuelve a estar en pleno rendimiento, con sus 1.500 localidades y sus casi 100 palcos. Cuando un cantante lírico profesional quiere darle prestigio a su currículo, suele incluir la frase: «Ha cantado en Venecia». Si no concreta nada más, podemos sospechar que quizás ha cantado en la ducha del hotel o quizás desde una góndola. Pero si su canto se ha producido en el escenario de La Fenice, ya podemos decir que hablamos de un artista de primera división.

El canto de los gondoleros es un mito que hay que explicar para situarlo donde toca. Actualmente los gondoleros no cantan. Si alguno lo hace, pues muy bien, pero no está en el contrato el hecho de tener que cantar cuando se llevan pasajeros en la barca. Históricamente, las góndolas han sido el principal medio de trasporte en Venecia, una ciudad llena de canales en la que es mucho más rápido desplazarse en góndola que hacerlo a pie. Los propietarios de góndolas eran, naturalmente, familias aristocráticas, y sus gondoleros, sus esclavos, muchos de ellos de raza negra. Poco a poco el trabajo de gondolero fue adquiriendo prestigio y se creó un «sindicato» profesional. Se calcula que durante el siglo XVI había en Venecia más de 10.000 gondoleros (aunque algunas estimaciones hablan del doble). El trabajo se heredaba de padres a hijos y, según crónicas de turistas de la época, se valoraba que el gondolero cantara con vibrante voz de tenor, aunque nunca fue un requisito indispensable. Hoy día la asociación de gondoleros de Venecia limita el número de profesionales a 425, ni uno más, ni uno menos. Y el cargo ya no es hereditario: hay un riguroso concurso de se-

lección con exámenes de navegación, geografía, historia e idiomas. La primera mujer gondolera, Giorgia Boscolo, accedió al puesto en 2009 (hija de gondolero, claro está).

Pero de lo que no hay duda es de que las canciones gondoleras existían. Se habla de ellas desde hace 400 años y el género más común era la «barcarola», un género muy popular que alcanzó prestigio internacional a partir de algunas barcarolas escritas por compositores clásicos, como la de Chopin para piano, la de Offenbach en *Los cuentos de Hoffmann* o las *Tres canciones de gondoleros* de Mendelssohn. Todas ellas reproducen a la perfección el balanceo típico de las góndolas y el ambiente plácido y romántico que se presupone a todo paseo por los canales venecianos. Una canción que no debe cantar jamás un gondolero, a pesar de la insistencia de los turistas, es *O sole mio*. Sería una traición a las barcarolas venecianas, ya que se trata de una canción napolitana. Y hasta ahí podíamos llegar.

La catedral de San Marcos y Monteverdi

La basílica de San Marcos de Venecia es un edificio espectacular. En sus más de mil años de historia, la música ha ocupado en ella un sitio prepon-

Basílica de San Marcos.

Claudio Monteverdi.

derante. Se considera que su época de oro musical fue en el siglo XVI y el inicio del XVII, durante el paso del Renacimiento al Barroco. En aquellos años ocuparon el cargo de Maestro de Capilla y de organista de la catedral los nombres más destacados de la música europea como Adrian Willaert, Gioseffo Zarlino, Andrea Gabrielli, Giovanni Gabrielli o Claudio Monteverdi.

Willaert había nacido en los Países Bajos y había recorrido media Europa antes de llegar a Venecia. Ocupó la plaza de Maestro de Capilla de San Marcos en 1527 y la mantuvo durante 35 años, hasta su muerte en 1562. En esos años creó lo que se conoce como «estilo policoral veneciano»: aprovechando las distintas cúpulas de la catedral, colocó grupos instrumentales o coros en diferentes lugares de la basílica de forma que se creaban efectos acústicos de reverberación únicos. Así, en lugar de ahondar en la polifonía propia del Renacimiento (varias voces interpretando distintas líneas melódicas a la vez), investigó el estilo antifonal, es decir, la pregunta-respuesta entre diferentes grupos separados entre sí. Esta idea de diferentes grupos interpretando de forma alterna llevó a la creación, años después, del llamado concerto grosso. Se trata de un caso clarísimo en el que la particular arquitectura de un lugar influyó decisivamente en la música que se compuso para ser interpretada en ese lugar concreto. La visita a la catedral es muchísimo más interesante si se tiene en cuenta esta información musical, y ya no digamos si coincide con que, durante nuestra visita, se interpreta alguna de estas obras del Renacimiento veneciano.

Los *cori spezzati* (coros separados) siguieron marcando durante décadas la particular «esterofonía» de la música creada en San Marcos, aunque algunas investigaciones recientes aseguran que los que se situaban separados eran los instrumentistas y no tanto los coros vocales. En los siguientes años, los Gabrielli siguieron con el estilo policoral y lo llevaron a cotas de máximo explendor. Andrea Gabrielli obtuvo la plaza de organista en 1566 y la ocupó durante 20 años, hasta su muerte. Fue sucedido por su sobrino, Giovanni Gabrielli, a quien se considera el primer compositor que escribió específicamente en una partitura indicaciones de dinámica para determinar en qué momentos había que tocar fuerte *(forte)* o flojo *(piano)*.

La tumba de Monteverdi

La tumba de Monteverdi se puede visitar en Venecia, en la Iglesia de los Frailes, *Santa María dei Frari*, donde está enterrado muy cerca del pintor Tiziano.

El maestro de capilla que coincidió con los Gabrielli como organistas fue el veneciano Gioseffo Zarlino, uno de los mayores teóricos de la música de todos los tiempos. Se considera que, a partir de sus teorías, se sentaron las bases de la música tonal en dos modos, mayor y menor, que aún hoy utilizamos.

A pesar del prestigio y de la responsabilidad que conllevaba el cargo de maestro de capilla de San Marcos, en alguna ocasión el titular salió rana. Fue el caso de Giulio Cesare Martinengo que, a pesar de estar solamente cuatro años en el puesto (1609-1613), consiguió que los músicos y cantantes que formaban parte de la *capilla* de la catedral se marcharan, que se contratara a músicos mediocres, que se multiplicaran las deudas de la capilla y que los responsables de la basílica rogaran para que no se restableciera de una enfermedad que le impedía hacer los ensayos con regularidad. Finalmente, Martinengo murió, dejando la capilla de San Marcos en estado muy precario. Cuando se convocó la plaza a concurso la sorpresa fue mayúscula: entre los aspirantes estaba Claudio Monteverdi, uno de los mejores compositores de Italia del momento. Este compositor cremonés había desarrollado su carrera en Mantua, donde se había hecho famoso con la composición de una de las primeras óperas de la historia: *La fábula de Orfeo*. Pero su contrato se había acabado y Monteverdi, a los 46 años, buscaba trabajo desesperadamente. Ganó la plaza sin discusión y su primera labor fue la de restituir el prestigio de la capilla musical de San Marcos. Reclutó músicos y cantantes (treinta y seis como plantilla básica, ampliable para las grandes ocasiones), ensayó hasta la extenuación y compuso obras maravillosas que retornaron el esplendor a la música sacra de Venecia. Tres años después, en agradecimiento, los procuradores de San Marcos le aumentaron el sueldo un 25%.

Aparte de su trabajo litúrgico en San Marcos que llevó a cabo durante 30 años, siguió escribiendo óperas y música de encargo para eventos sociales como bodas o banquetes de la aristocracia. Muchas —muchísimas— de sus obras se han perdido, pero las que se conservan son consideradas obras maestras. Con el inicio de las representaciones públicas de ópera, fuera de los palacios de la nobleza, la música de Monteverdi ocupó el primer plano (llegó a estrenar cuatro óperas en Venecia) y el público le mostró su adoración.

El carnaval interminable y Paganini

Venecia se ganó a pulso el título de «ciudad del placer». Su situación geográfica y su papel político y comercial hicieron de ella una ciudad-estado respetada por todos y adorada por la libertad que se vivía en sus calles. Llámese libertad, llámese libertinaje: lo que pasaba en Venecia solamente estaba permitido allí. La permisividad, la relajación de las normas sociales, la naturalidad con la que se paseaban por las calles (o los canales) las concubinas venecianas y el lujo y esplendor de las fiestas que allí se organizaban no tenía parangón en toda Europa.

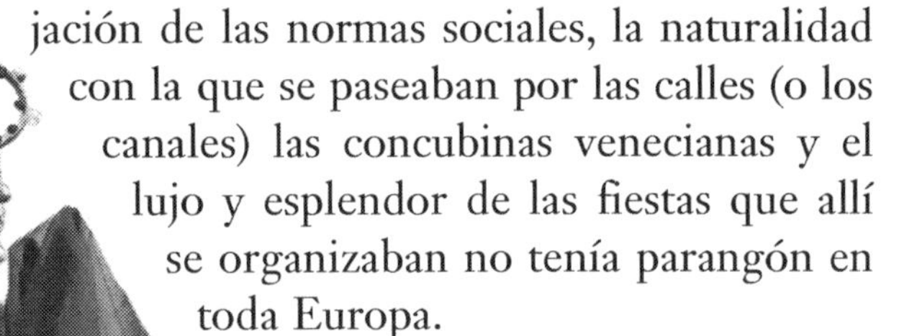

Máscara en Venecia.

La aprobación oficial para las fiestas de carnaval consta por primera vez en un documento de

El origen del carnaval veneciano

Cuenta la historia que el origen de las fiestas de carnaval en Venecia se remonta al año 1162: en aquella ocasión la gente se agrupó en la Piazza San Marco para celebrar una victoria militar... y ya no pararon de celebrar hasta día de hoy.

1296, pero el pueblo veneciano no necesitaba de un permiso estatal para salir a la calle a desmelenarse. En el siglo XVII el carnaval llegó a ser una fuente de ingresos tan importante en Venecia que los diez días habituales de festejos se fueron alargando: la fiesta empezaba después de Navidad y acababa con la cuaresma. Dos meses de fiestas que, en algunos momentos, llegaron a alargarse hasta los seis meses para poder atender la demanda de fiesta y descontrol que llegaba por parte de viajeros de todo Europa. Todos los príncipes, nobles y burgueses de la época encontraban unos días para hacer una escapada a Venecia y vivir de primera mano la sensación de libertad moral que se respiraba en la ciudad. Era habitual que la temporada de carnaval se iniciara con el estreno de una ópera el 26 de diciembre y que durante los siguientes meses se estrenaran docenas de ellas.

Niccolò Paganini.

Vivaldi estrenó muchas óperas para los carnavales de Venecia, incluso en teatros distintos durante la misma temporada, haciéndose competencia a sí mismo. Debutó en 1713 en los carnavales de Vicenza (a 75 km de Venecia) con la ópera *Ottone in Villa* y al año siguiente ya debutó en los de Venecia con *Orlando finto pazzo*. Desde entonces no paró de estrenar óperas —se calcula que unas cincuenta, aunque muchas de ellas se han perdido—, pero también atendía encargos para los carnavales de otras ciudades, como Mantua, Roma, Florencia, Verona e incluso Praga.

Los carnavales de Venecia han inspirado a numerosos artistas que han pintado cuadros, han escrito obras de teatro, han compuesto canciones o incluso obras sinfónicas sobre estos. Una de las piezas más populares de la música clásica es la titulada *El Carnaval de Venecia*, escrita por el virtuoso del violín Niccolò Paganini sobre 1829. Se trata de una melodía muy simple (según parece es una canción napolitana titulada *O mamma, mamma cara*) y una serie de variaciones a cual más difícil y espectacular. El virtuosismo que requiere interpretar esta obra ha propiciado que se hayan hecho numerosas adaptaciones para diferentes instrumentos solistas. El caso es que Paganini interpretó esta obra en numerosas ocasiones, a menudo sin acompañamiento orquestal: él solo se bastaba y sobraba para ponerse en el bolsillo a un público ávido de virtuosismo romántico.

El virtuosismo (y el magnetismo) de Paganini tuvieron fácil explicación en aquella época: sin duda alguna, había hecho un pacto con el diablo. Esta afirmación, que hoy en día nos parece un simple juego de marketing, cuajó tanto entre el público que, cuando Paganini murió en Niza, ninguna iglesia quiso que el cuerpo del amigo de Satanás fuera enterrado en su camposanto. El hecho es que la familia del violinista tuvo que trasladar varias veces el ataúd: primero a unas dependencias de Niza, después a un hospital de Villafranche-sur-mer, cuatro años después lo trasladaron en secreto a Génova donde estuvo varios meses en una villa propiedad de Paganini. Más tarde emprendió el que tenía que ser su último viaje hacia Parma, donde la Gran Duquesa María Luisa de Austria —viuda de Napoleón— dio la autorización para que fuera enterrado en un parque cercano al cementerio.

Pero los viajes de Paganini no habían acabado: treinta y dos años después (en 1876) por fin la Santa Sede autorizó a que Paganini fuera enterrado en el cementerio de Parma. Y así se hizo. Pero la ciudad creció, el cementerio fue clausurado en 1896 y sus restos fueron trasladados al nuevo cementerio de Parma. Paganini vivió 57 años tocando el violín y viajando. Después de su muerte, aún estuvo viajando 56 años más hasta que encontró el reposo eterno.

Los violines de Venecia (y de Cremona)

La cantidad de músicos, estudiantes de música, orquestas, capillas sacras y teatros de Venecia convertían la ciudad en un excelente mercado para los fabricantes de instrumentos musicales. La competencia era feroz pero los clientes, numerosos. A finales del siglo XVII se establecieron en Venecia dos lutieres alemanes, Martinus Kaiser y Matteo Goffriller. De este último son muy apreciados los violonchelos: el gran violonchelista catalán Pau Casals tocó toda su vida con un chelo Goffriller. En 2012, una subasta en Londres vendió un chelo Goffriller por cerca de 400.000 euros.

Pronto abrieron otros talleres como los de Dominicus Montagnana o Carlo Tononi. Pero a tan solo cinco días de viaje en carromato se hallaba la ciudad de Cremona, famosa por ser el centro mundial de los lutieres. Ya que hemos hablado en el capítulo anterior de Paganini, recordaremos que a lo largo de su carrera Paganini tocó docenas de violines, pero el que más apreció fue un instrumento construido en Cremona por Giuseppe Guarneri, un instrumento que bautizó con el nombre de «Il cannone» (el cañón). Fue tal su amor por este instrumento que, a su muerte, lo donó a su ciudad natal, Génova, donde hoy puede admirarse y, muy de vez en cuando, escucharse. Pero ese no fue el único violín que Paganini adoró. Antes de tocar con el Guarneri, Paganini tocaba un Amati, e incluso antes, un Stradivari. En una sola frase se han colado los tres lutieres más grandes de todos los tiempos. Vayamos por partes.

Pau Casals con su violonchelo.

Cremona, la ciudad de los violines, está a solamente dos horas en coche de Venecia. Allí han desarrollado su trabajo artesanal los mejores fabricantes de instrumentos de cuerda de la historia. El primero de los que sentó cátedra fue Nicolò Amati, aunque su padre y su abuelo ya habían destacado como lutieres. Amati vivió 88 años (murió en 1684) y enseñó a docenas de aprendices. Uno de ellos fue Andrea Guarneri que, con los años, llegó a fundar su propio taller y una saga familiar de lutieres: sus hijos, sobrinos y nietos se dedicaron también al arte de construir violines, violas, violonchelos y contrabajos (y violas de gamba, y laúdes, y…). Uno de sus nietos se rebeló contra la familia y marchó a Venecia a montar su propio taller: tuvo un gran éxito, sus violines fueron muy apreciados y pronto se le conoció como Pietro Guarneri «de Venecia». Pero el Guarneri más famoso fue Giuseppe, hermano de Pietro. Hacia 1731 abrió su propio taller en Cremona y empezó a firmar sus violines con las letras IHS (el acrónimo del nombre de Jesucristo): por ello es conocido como Guarneri del Gesù.

Volvamos a Paganini, el virtuoso del romanticismo que tuvo entre sus manos violines de los tres grandes lutieres de Cremona. Dicen que Paganini era muy aficionado al juego y que en cierta ocasión apostó su violín

Violines de Giuseppe Guarneri.

Amati... y lo perdió. También consta que compró cuatro instrumentos Stradivarius para completar un cuarteto de cuerda: un violín de 1680, otro de 1727, una viola de 1731 y un violonchelo de 1736. Quedó tan impresionado por el sonido de aquella viola que pidió al compositor Hector Berlioz que le compusiera una pieza para viola solista, que acabó siendo la obra *Harold en Italia*. Cuando Paganini murió, su hijo vendió prácticamente todos los instrumentos que había en casa, y los cuatro Stradivarius

Los Guarneri y los Stradivari

En los siglos XVII y XVIII los violines de Guarneri nunca fueron tan bien considerados como los de Stradivari ni como los de Amati, principalmente porque Guarneri no se preocupaba de los acabados: el aspecto final de sus violines era tosco y simple, aunque su sonoridad fuera muy elegante. En cambio, Stradivari tenía muy en cuenta el público refinado al que quería dirigirse, y por ello cuidaba todos los detalles e incluso la marquetería con la que embellecía alguno de sus ejemplares. Pese a ello, a día de hoy el violín por el que se ha pagado más dinero en una subasta ha sido un Guarneri: 15 millones de euros. El 7 de julio de 2022, el Stradivarius "Hellier" (1679) salió a subasta en la casa Christies de Londres por un precio de 7 millones de euros. A pesar de la expectación creada por ser uno de los Stradivarius más famosos que hay, ya que cuenta con incrustaciones de marfil originales, y de que se estimó que podría llegar a venderse por 10 millones, finalmente nadie pujó por él.

fueron a parar al lutier francés Jean-Baptiste Vuillaume, que los vendió a su vez por separado y los dispersó. En 1940, un coleccionista de Nueva York consiguió reunirlos de nuevo y desde entonces este «Cuarteto de Stradivarius Paganini» no se ha separado. Actualmente son propiedad de la Nippon Fundation, aunque no consta públicamente cuantos ceros tiene la cifra que pagó por ellos.

Antonio Stradivari fabricó poco más de un millar de violines y actualmente se conservan unos 650, considerados auténticas joyas. Muchos de ellos se pueden tocar (han sido reforzados y adaptados a las tensiones de las cuerdas actuales) pero otros se han conservado tal cual en los museos. Stradivari se casó dos veces, tuvo once hijos y dos de ellos siguieron el trabajo del padre. La forma latina *stradivarius* es la que se utiliza para referirse a los violines creados por Stradivari, de la misma manera que los *guarnerius* son los violines que hizo su vecino y competidor, el joven Giuseppe Guarneri. Muchos de los violines de aquella época actualmente tienen nombre, que normalmente hace referencia a alguno de sus insignes propietarios, como el stradivarius «Condesa de Poulignac», el «Josep Joachim», el «Rei Maximiliano», el «Sarasate» o el guarnerius «Lord Wilton», que fue propiedad del gran violinista Yehudi Menuhin.

¿Por qué son tanto buenos estos instrumentos? Esto sigue siendo un misterio: no hay duda de que los materiales son excelentes, la manera de trabajar la madera también y que Stradivari era un genio. Se ha hablado mucho del barniz que utilizaba —que también interviene en la calidad del sonido—, e incluso un estudio reciente determina que parte del secreto puede estar en el insecticida que utilizaba Stradivari para combatir la carcoma de la madera y las termitas, a base de polvo de cristal. ¿Quién sabe?

En Venecia se puede visitar el Museo de la Música, situado en el interior de la iglesia de San Mauricio. La figura de Vivaldi aparece por todas partes, y la colección de instrumentos que presenta es notable, con ejemplares de violines construidos por algunos de los lutieres mencionados más arriba, entre los que destaca uno de Nicolò Amati.

Madrid

La música en Madrid estuvo, durante siglos, asociada principalmente a tres estamentos: la realeza, la Iglesia y las calles. De la música en las calles solamente nos ocuparemos de paso, aunque parece ser que, ya desde el siglo XVI, el ambiente festivo en la capital española —con guitarras, tunas, serenatas, charangas y bailes— era remarcable. Y de la corona y la Iglesia nos ocuparemos a la par, ya que a menudo es difícil disociarlas: baste recordar que uno de los centros musicales más importantes de la capital española fue la Capilla Real, sin olvidar la aportación a la música sacra de los organistas y maestros de capilla del Monasterio de San Lorenzo de El Escorial. En una ciudad donde históricamente todo es muy monárquico visitaremos el Palacio Real, el Teatro Real y el Palacio de la Zarzuela (residencia actual del rey) donde se originó el género musical más castizo de Madrid: la zarzuela.

Hubo un tiempo en el que los monarcas españoles amaban la música, como lo demuestra el hecho de que María de Hungría, hija de Felipe el Hermoso y Juana de Castilla, dejó a su muerte (1558) una buena colección de instrumentos: cincuenta y cinco cornetas, treinta y cinco pífanos, veintiséis flautas, catorce chirimías, once cromornos, nueve sacabuches, dos bombardas, un fagot, una dulzaina, tres juegos de vihuelas de arco y cinco violines «de braço». Ahí es nada. Su hermano Carlos I también gozó de la música en su retiro de Yuste, haciéndose acompañar por un coro de frailes jerónimos. Su hijo Felipe II fue el principal protector del gran organista Antonio de Cabezón a quién llevó de paseo por toda Europa y, años después, su tataranieto Carlos IV fue reconocido como notable violinista.

En alguna ocasión, a golpe de talonario, los reyes españoles consiguieron fichar a algún portento, como fue el caso de Scarlatti, Farinelli o Boccherini. En el siglo XIX el país se modernizó, la burguesía se refinó, los medios de transporte mejoraron y los grandes nombres de música europea, como Liszt, Glinka, Verdi, Saint-Saëns o Strauss pusieron Madrid en sus agendas. Liszt, por ejemplo, triunfó con sus conciertos en el Teatro Circo Price (un teatro demolido en 1970 que fue el centro de la cultura madrileña) y en el Palacio de Villahermosa (actual Museo Thyssen). Después de sus conciertos, los pianos con los que tocó se subastaron por grandes sumas de dinero.

Los Stradivarius del Palacio Real.

El Palacio Real y los Stradivarius

En Madrid hay cuatro instrumentos musicales considerados joyas. Joyas de valor incalculable. Aun así, siempre hay alguien que se dedica a calcular lo incalculable y ha estimado el precio de dichas joyas en unos 100 millones de euros. Se trata de cuatro instrumentos construidos por Antonio Stradivari a principios del siglo XVIII. Se les conoce con el nombre de «cuarteto real» o «cuarteto palatino», justamente porque están expuestos en el Palacio Real de Madrid. El conjunto está formado por dos violines, una viola y un violochelo.

Cuenta la historia que, en 1702, el rey Felipe V encargó a Stradivari la fabricación de dichos instrumentos. Otras versiones dicen que no fue un encargo, sino que fue el propio Stradivari quién le ofreció al rey de

Los viajes del Cuarteto palatino

Desde 1772 los instrumentos están en el Palacio Real de Madrid y se utilizan para dar conciertos de vez en cuando. Años atrás incluso viajaban: no era raro presenciar un concierto con el «cuarteto palatino» en Barcelona o Sevilla, pero ya hace años que no se mueven de la capital española. Cuando viajaban, lo hacían en aviones distintos... por si acaso.

España los instrumentos. El caso es que, por aquel entonces, el gran lutier cremonés ya era considerado uno de los mejores de Europa, así que el encargo tardó un tiempo en estar terminado. Cuando los instrumentos ya estuvieron a punto (1709), el que no estuvo por la labor fue Felipe V: entre guerra y guerra, problemas políticos, territoriales, sucesorios y demás, se olvidó completamente de los violines, la viola y el violonchelo. Sesenta años después, su hijo Carlos III mandó un emisario a Cremona a preguntar por los instrumentos encargados por su padre. El emisario llegó a Cremona y preguntó por Stradivari, que ya llevaba muerto cuarenta años. Le atendió su hijo, Paolo Stradivari, quien abrió un armario y le mostró los cuatro instrumentos intactos: llevaban más de sesenta años en aquel lugar esperando a que vinieran a buscarlos.

Para saber el precio de uno de estos instrumentos de Madrid, podemos tomar como referencia el dato de que en 2011 un violín stradivarius, el llamado «Lady Blunt», se vendió en Londres por 15 millones de euros. La particularidad del «cuarteto palatino» es que se trata de cuatro instrumentos que nacieron juntos en el taller de Stradivari y que llevan más de 300 años haciéndose compañía (si exceptuamos los años en que la viola desapareció con la retirada de las tropas napoleónicas y Patrimonio Nacional no pudo recuperarla hasta 1951). Los ornamentos que lucen son obra del propio Stradivari y dan unidad al cuarteto. Por todo ello se da por hecho que, en caso de venderse, la transacción se haría en un pack indivisible. Visto así, lo de la tasación por 100 millones de la que hablábamos al principio, parece un precio razonable.

Cuando los instrumentos de Stradivari llegaron a Madrid, fueron incorporados a la Real Orquesta de Cámara. Dicha orquesta era la encargada de amenizar todas las actividades palaciegas, públicas y privadas: conciertos, audiciones, serenatas, recepciones... Recordemos que cuando Carlos III asumió el trono de España, ya era monarca de Nápoles y Sicilia, por lo que muchos músicos italianos viajaron con él a Madrid en busca de los favores de la corte. Uno de ellos fue el violinista Gaetano Brunetti que en 1770 fue nombrado profesor de violín del Príncipe de Asturias, el futuro

Carlos IV de España. Poco a poco Brunetti fue ganando el favor de la corte y no solo ejerció como profesor sino que también entró a formar parte de la Real Cámara y se convirtió en uno de los compositores preferidos de Madrid con sus sonatas, tríos, cuartetos y sinfonías. En 1788 el príncipe Carlos accedió al trono y Brunetti se convirtió en compositor de cámara del nuevo rey y maestro de conciertos de la Real Cámara donde sonaban cinco instrumentos stradivarius: los cuatro de los que hemos hablado, más otro violonchelo comprado por Carlos III, conocido como «1700» por el año de su construcción, que también hoy día forma parte de la colección real. A pesar de los esfuerzos que se han hecho en los últimos años por dar a conocer la música que compuso Brunetti durante los treinta años que trabajó para la corte española, hoy por hoy sigue siendo mucho más conocido su colega Luigi Boccherini del que hablaremos más adelante.

El Do de pecho y las zarzas

El Teatro Real de Madrid es uno de los teatros de ópera más prestigiosos de Europa. Se encuentra en la Plaza de Oriente, frente al Palacio Real, y se inauguró en 1850 bajo el reinado de Isabel II, a pesar de que fue su padre Fernando VII quien inició el proyecto 30 años antes. La ópera elegida para el estreno fue decisión de la gran diva italiana del momento Marietta Alboni: según su contrato, ella podía elegir la obra que quisiera interpretar y optó por *La favorita* de Donizetti.

Durante las primeras temporadas prácticamente solo se representaron óperas italianas de Bellini, Rossini o Verdi. La visita de Verdi a Madrid en 1863 fue un acontecimiento mayúsculo y aunque musicalmente el estreno de *La forza del destino* fue un éxito, desde el punto de vista social la visita del compositor resultó una decepción: el público esperaba un Verdi comunicativo, abierto y simpático, pero se encontraron a un músico esquivo que salía corriendo del teatro después de los ensayos para encerrarse en la pensión Castaldi, situada al otro lado de la Plaza de Oriente. Pasado el estreno, Verdi y su esposa se fueron de vacaciones a Andalucía donde no dejaron pasar la ocasión de comprar una bota de vino de Jerez y embarcarlo hacia su casa en Italia. De vuelta a Madrid, Verdi dirigió en el Real la séptima representación de *La forza* con tal éxito que tuvo que salir a saludar más de diez veces para corresponder a los aplausos del público madrileño.

Una de las óperas que siempre ha triunfado en el Real es *La fille du régiment* de Donizetti, escrita en francés para la Ópera Comique de París, que incluye una de las arias de tenor más difíciles y espectaculares del repertorio del *bel canto* mundial. Se trata del aria *Ah, mes amis* en la que el protagonista tiene que cantar nueve notas sobreagudas: los famosos «Do de pecho» tan esperados y aplaudidos por el público (si al tenor le salen bien) y tan silbados y abucheados si salen mal. El Do sobreagudo se escribe con dos líneas adicionales fuera del pentagrama, una grafía que ya indica que se trata de una nota que está por encima del registro normal de un tenor. Es de muy difícil ejecución y requiere de un gran dominio técnico. Hasta mediados del siglo XX estas notas se atacaban con total tranquilidad en falsete, pero actualmente el color y el volumen resultante del falsete no serían aplaudidos en ningún teatro que se precie.

Una cuestión de cráneo

Los tenores que afrontan un Do de pecho tienen que utilizar todos los resonadores posibles de su cuerpo para dar amplitud y volumen a una nota que, de forma natural, sale con muy poca energía. Por ello, además de utilizar la resonancia craneal propia de la voz lírica, buscan que el pecho también ayude a amplificar la vibración. Pero si hay que ser precisos en la terminología, el Do de pecho es más de cráneo que de pecho.

El 7 de noviembre de 2014 el tenor mejicano Javier Camarena interpretó el papel protagonista de esta ópera en el Teatro Real de Madrid con tal maestría que, al acabar el aria en cuestión, el público enloqueció y no dejó de aplaudir hasta que Camarena volvió a cantarla. Aquella noche, en lugar de atacar nueve Do de pecho tuvo que atacar dieciocho. Todo un logro al alcance de muy pocos. Más tarde se supo que la insistencia del público no fue tan espontánea como se podía pensar: resulta que una joven madrileña, zapatera de profesión y musicóloga de formación, estuvo repartiendo octavillas a la entrada del teatro invitando al público a ovacionar a Camarena para que ofreciera un bis. La jugada le salió bien y el tenor complació al público y a la chica.

Este tipo de bises, muy habituales desde la época del Barroco y hasta bien entrado el siglo XX, hoy en día son una excepción. Los teatros los prohíben para no alargar las veladas y para no provocar comparaciones incómodas entre los artistas del elenco. Desde que se reinauguró el Teatro Real en 1997 hasta el año 2022 solamente se han producido bises en siete u ocho ocasiones. Y conste que el Do de pecho no es la nota más aguda que se ha escuchado en este escenario: el día de la inauguración, en 1850, ya se

El género más popular en Madrid siempre fue la zarzuela.

cantó un Do sostenido (medio tono más alto que el Do natural) ya que el aria *Una vergine* de la ópera *La favorita* así lo exige.

A pesar de los éxitos operísticos vividos en Madrid, el género más popular en la capital española fue durante casi dos siglos la zarzuela. El nombre de Palacio de la Zarzuela, donde actualmente vive el rey de España, le fue dado por la cantidad de zarzas que había en aquel paraje. También se cuenta que, en el siglo XVII, los monarcas que allí se alojaban —primero Felipe IV y después Carlos II— se distraían y divertían con las obras de teatro musical que las compañías españolas de la época les ofrecían. Los músicos madrileños de la misma manera que cuando tenían concierto en el Palacio Real decían «hoy tengo real», cuando tenían trabajo en la Zarzuela decían «hoy tengo zarzuela». La diferencia era que en el Palacio Real interpretaban todo tipo de música mientras que en el Palacio de la Zarzuela prácticamente solo interpretaban esas obras de teatro musical, de ahí que pronto se las conoció con el nombre de «zarzuelas».

La llegada de Felipe V provocó la primera crisis importante del género, ya que solamente invitaba a compañías de ópera italianas. La desigual batalla entre ópera y zarzuela se alargó más de cien años, pero a mediados del siglo XIX la zarzuela renació con autores como Asenjo Barbieri, Pablo Sorozábal, Federico Chueca, Tomás Bretón, Jacinto Guerrero o Amadeu Vives. Hombres y mujeres de todas las edades llenaron los teatros de zarzuela durante décadas para disfrutar de melodías pegadizas, historias cercanas y grandes dosis de buen humor. Los temas solían ser castizos, cercanos y atemporales, pero también los hubo de rabiosa actualidad, como la zarzuela de Chueca *La Gran Vía*, escrita con motivo de la inauguración de dicha avenida en Madrid. Hacia finales del siglo XIX apareció una nueva modalidad de zarzuela caracterizada por su brevedad, de ahí que se la llamara «el género chico». La cosa funcionaba así: cada tarde se ofrecían consecutivamente cuatro obras de una hora cada una de ellas. El público podía elegir si presenciaba una sola zarzuela —a un precio muy asequible— o pagaba un poco más y presenciaba dos, o tres, o las cuatro. El «teatro por horas» fue un contrapunto a la «Gran zarzuela» y aumentó aún más la popularidad del género que mantuvo su fuerza hasta entrado el siglo XX en que empezó su declive.

Música nocturna de las calles de Madrid

Luigi Boccherini nació en la ciudad italiana de Lucca y pronto destacó como compositor y como violonchelista. En uno de sus viajes a París se enamoró perdidamente de una soprano y decidió enrolarse en la compañía de ópera de ella y seguirla en una gira por España. Corría el año 1768 y ya no abandonó España nunca más. Bueno: no la abandonó en vida, pero después de su muerte, ya es otro asunto que trataremos más adelante. Al finalizar un concierto en el que participó en Aranjuez, el hermano del rey Carlos III se le acercó y lo contrató para su orquesta privada. Así pues, Boccherini no trabajó directamente en el Palacio Real sino al servicio del infante Luis Antonio de Borbón y Farnesio. Este personaje a los 8 años ya había sido nombrado cardenal arzobispo de Toledo y a los 14 arzobispo de Sevilla. Dedicó su vida principalmente a cazar y a perseguir faldas por palacio, por Madrid y por pueblos cercanos. Finalmente, se casó con una de sus amantes (treinta y tantos años más joven que él) y el rey lo «exilió» a Arenas de San Pedro (a 150 km de la capital) donde se llevó a su orquesta con Boccherini al frente. Los siguientes diez años Boccherini los pasó en un entorno rural escribiendo y tocando música para su patrón. Cuando este murió, Boccherini volvió a la capital, viudo y con seis hijos a su cargo.

Consiguió la ayuda de algunos mecenas (incluidos algunos que le pasaban una asignación desde el extranjero, como el rey de Prusia) y siguió trabajando en Madrid hasta su muerte en 1805. Fue enterrado en la basílica pontifical de San Miguel, pero en 1927 Mussolini pidió la exhumación de los restos y su traslado a Lucca. Así que, finalmente abandonó Madrid y volvió a Italia, aunque no por su propio pie.

Boccherini compuso centenares de obras, pero las dos más famosas tiene historias peculiares. La más conocida es el famosísimo *Minueto* que ha sonado en anuncios, películas, bodas, bautizos y comuniones. Des de que fue banda sonora de la miel de la Granja de San Francisco, basta con escuchar las cinco primeras notas de la obra para reconocerla rápidamente. La segunda obra más popular de Boccherini se titula *Música nocturna de las calles de Madrid*. Se trata de música de cámara para cinco instrumentos que describe la bulliciosa vida nocturna madrileña de la época. La obra empieza con los instrumentos imitando el toque de las campanas de las iglesias llamando a la oración, sigue con un efecto que recuerda el redoble de los tambores militares, más adelante hay una imitación de las vihuelas de rueda tocadas por los mendigos, unas danzas populares y, finalmente, el toque de retreta con el que los cuarteles indicaban que tocaba irse a dormir.

Buena parte de los manuscritos de las obras de Boccherini fueron depositados en la Biblioteca Nacional de Madrid. Allí estuvieron hasta que, en 1939, un ataque aéreo de las fuerzas franquistas incendió un ala entera del edificio, justo en el que estaban las obras de Boccherini. Por suerte, muchas

Boccherini en la calle Madera

En la casa de la calle Madera nº 26, cerca del Mercado de San Ildefonso, una placa indica que allí vivió Boccherini, aunque los últimos meses de su vida los pasó en una habitación de un quinto piso de la calle Jesús y María nº 5, en Lavapiés, donde también una placa lo recuerda.

de estas obras habían sido publicadas fuera de España, ya que Boccherini solía hacer una copia de cada una de sus obras y la mandaba a alguna editorial europea para su publicación. La gracia del asunto es que el bombardeo fue protagonizado por aviones italianos, aliados de Franco. Si en 1927 Mussolini hubiera pedido las partituras en lugar de los huesos, no se habrían quemado.

Farinelli, el gran castrado

En el siglo XVIII el rey de España también lo era del Reino de Nápoles, de Sicilia, de Parma y de un largo etcétera de territorios itálicos, por lo que no es extraño que se rodeara de músicos de allí. Desde 1733 Madrid contó con los conciertos y las composiciones de Domenico Scarlatti, uno de los compositores más relevantes del Barroco. Después de servir a diversos monarcas, se instaló definitivamente en Madrid a los 48 años como profesor de música de María Bárbara de Braganza, princesa portuguesa esposa de Fernando VI. Trabajó en la corte española hasta su muerte en 1757. Durante estos años escribió más de 500 sonatas para clavecín y se integró de tal modo en la vida española que acabó firmando como Domingo Escarlati, grafía del apellido que aún hoy día conservan sus descendientes. Una de sus obras más curiosas es la llamada *Fuga del gato* ya que cuenta la leyenda que las primeras seis notas de la misma, las que componen el tema principal de la obra, fueron «interpretadas» por el gato de Scarlatti, llamado Pulcinella, cuando un día se paseó sobre el teclado del compositor. Scarlatti también tiene su placa conmemorativa en la casa donde vivió, en la calle Leganitos nº 35.

Cuando Fernando VI aún era príncipe, la corte española se debatía sobre la capacidad de Felipe V para seguir en el cargo real o la conveniencia de que abdicara. El caso es que las intrigas cortesanas lo sustentaron hasta su muerte, pero el estado de decrepitud del monarca ya era evidente desde hacía años. De hecho, abdicó en favor de su hijo Luis I, pero este murió al cabo de unos meses y Felipe V volvió al trono. Pero ya lo hizo sumido en un estado de abatimiento absoluto, aquejado de una profunda depresión, lo que en aquella época llamaban «episodios agudos de melancolía». La receta para curarle de dicho estado fue la música: la casa real contrató al mejor cantante de Europa para que acompañara al rey con su voz. Así, en 1737 llegó a España el famoso castrado Farinelli con la intención de quedarse unos meses y cobrar un dineral por el encargo de entretener al monarca español. La realidad fue que se quedó los siguientes 25 años sirviendo a tres reyes: Felipe V, Fernando VI y Carlos III.

Carlo Broschi «Farinelli» nació en Andria en 1705 y, gracias a su excelente voz y a los pocos recursos económicos de su familia, se le sometió a la emasculación tan de moda en la época y que provocaba la muerte de muchos de los niños que eran sometidos a tal barbaridad. Según contó más tarde él mismo, la operación se llevó a cabo porque tuvo un accidente: cayó de un caballo y la herida en la ingle obligó a la extirpación de los testículos. Bueno: el caso es que su desarrollo hormonal fue alterado y eso le permitió lucir una voz aguda toda su vida. Gracias al mecenazgo de la familia Farina, estudió con los mejores profesores y pronto destacó como cantante. Adoptó el sobrenombre de Farinelli para honrar a sus mecenas y empezó una serie de giras que le llevaron a los principales teatros y cortes europeas. Pronto vivió como una *superstar* del rock & roll: la gente hacía largas colas para oírle cantar o solamente para verle bajar del carruaje.

Aquejado de melancolía

Al poco tiempo de subir al trono Carlos III, Farinelli perdió el favor de la corona y se retiró a Bolonia donde aún vivió 20 años más, rico, famoso y según dicen aquejado de «episodios agudos de melancolía».

Cuando llegó a Madrid causó una excelente sensación en la casa real: era educado, refinado, elegante, inteligente y cantaba como los ángeles. Fue invitado a vivir en el mismo Palacio Real y a asistir a las veladas, recepciones y fiestas de la familia real. Tenía que estar siempre a punto para cantarle al rey lo que este deseara y muy a menudo sus conciertos privados acababan al lado de la cama del monarca a altas horas de la madrugada. Poco a poco Farinelli se convirtió en una pieza indispensable en la casa real hasta el punto de ser nombrado ministro. Se le confió la dirección de teatros y escuelas de música en Madrid, se hizo construir su propio palacio en Aranjuez y, con bastante discreción, fue acumulando riquezas y títulos nobiliarios. A la muerte de Felipe V siguió prestando sus servicios a Fernando VI y a la reina María Bárbara de Braganza. Queriendo imitar los paseos en barca que la realeza inglesa hacía en Londres por el Támesis acompañada de una orquesta, Farinelli organizó una flotilla de falúas —barcas con toldo para las autoridades— para hacer lo mismo por el Tajo cerca de Aranjuez.

Barcelona

En Barcelona hay tres templos de la música clásica: el Gran Teatro del Liceo, el Palau de la Música Catalana y el Auditorio. Entre los tres se reparten lo mejor de la programación musical de la ciudad, pero también existen otros rincones con historia musical que vale la pena tener en cuenta. Desde el punto de vista del pedigrí, el Auditorio tiene poco más de 20 años de historia, el Palau poco más de 100 y el Liceo, 175.
La visita musical que haremos por Barcelona empezará a mediados del siglo XIX, cuando el auge de la burguesía industrial les permitió construir un teatro de ópera a imagen y semejanza de los grandes teatros europeos. El famoso paseo de La Rambla será el campo de batalla entre «liceístas» y «cruzados», partidarios los unos del nuevo teatro y partidarios los otros del antiguo Teatro de la Santa Cruz, activo desde 1603 y situado en la misma acera, un poco más abajo. Muy cerca de allí visitaremos el Palau Güell construido por Antonio Gaudí que alberga en su interior un órgano espectacular y también veremos los rincones modernistas del Palau de la Música por donde han pasado los mejores músicos del siglo XX.
Algunos de los grandes músicos catalanes nos acompañarán en este paseo, como Pau Casals, Joan Manén y Montserrat Caballé y también algunos de sus insignes invitados, como Igor Stravinsky o Arnold Schönberg. Y como solamente nos ocuparemos de la música clásica, dejaremos para otro libro las otras músicas que hoy día hacen vibrar la ciudad: el tango, el flamenco, la rumba y también la música de los festivales más modernos que han convertido Barcelona en la capital de la música electrónica.

El Palau de la Música Catalana.

El Palau de la Música Catalana y Pau Casals

En 1908 se inauguró el Palau de la Música Catalana, una sala de conciertos espectacular que fue muy criticada por un sector de la sociedad ya que su estética modernista era considerada, textualmente, un buñuelo. Después del impacto inicial, la obra se impuso y ganó premios y reconocimientos internacionales. En 1997 la Unesco lo declaró Patrimonio de la Humanidad. La sala de conciertos es impresionante, tiene 2.000 localidades y está coronada por una claraboya llena de colores única e inconfundible. Los laterales y fondos del escenario están repletos de esculturas que representan a grandes músicos, como Wagner o Beethoven, y las musas de la música que tañen diversos instrumentos. En sus poco más de 100 años de historia han desfilado por este escenario los mejores músicos y orquestas del mundo, desde el mítico Igor Stravinsky hasta el pianista de moda del siglo XXI Lang Lang.

En la parte central del fondo del escenario, a la altura del primer piso, se sitúa el gran órgano del Palau con algunos tubos de ellos de 7 metros de longitud, instalado desde el día de la inauguración de la sala. A partir de los años setenta quedó inutilizado, pero en 2003 se procedió a su restauración con la campaña de patrocinio «apadrina un tubo» que consiguió 3.772 padrinos, uno para cada tubo. Actualmente vuelve a sonar en todo su esplendor.

En el Palau se han estrenado obras de docenas de compositores, como Isaac Albéniz, Joaquín Turina, Eduard Toldrà, Robert Gerhard o Xavier Montsalvatge, pero quizás los estrenos más importantes han sido la suite *Goyescas* de Enric Granados (1911), el *Concierto para clavecín* de Manuel de Falla (1926), el *Concierto para violín* de Alban Berg (1936) y el *Concierto de Aranjuez* de Joaquín Rodrigo (1940), la obra para guitarra y orquesta más interpretada del repertorio internacional.

Uno de los músicos que dejó huella en el Palau de la Música fue el violonchelista y director Pau Casals, que fundó aquí la Orquesta Pau Casals y la dirigió entre 1920 y 1936. Cuando fundó la orquesta, Casals ya era un concertista de gran prestigio internacional, gracias a lo cual pudo invitar a los mejores solistas mundiales a actuar en el Palau de la Música, siempre con los gastos pagados por el propio Casals.

Pero Casals no se quedó con las ganas de desear la paz en el mundo a través de la música. En 1960 acabó la composición del oratorio El Pessebre, una obra de hora y media de duración basada en los diferentes episodios del nacimiento de Jesús, que acaba con un canto a la paz y que Casals dirigió por todo el mundo. Él mismo llevó la batuta en una grabación discográfica de *El Pesebre* en 1972 cuando ya tenía 95 años. En uno de los números de la obra se indica que un fragmento hay que interpretarlo con un instrumento popular catalán llamado «flabiol», una pequeña flauta o caramillo que se toca con una sola mano mientras

Camino del exilio

El 18 de julio de 1936, mientras estaba ensayando la *Novena* de Beethoven, llegó la noticia del alzamiento de Franco y del inicio de la Guerra Civil española. Casals se dirigió a los músicos con estas palabras: «Queridos amigos, no sé cuándo volveremos a estar juntos otra vez. Como un adiós entre unos y otros, ¿podemos tocar el final de la obra? Llegará el día en el que la paz volverá a nuestro país y aquel día tocaremos la *Novena*». Efectivamente, la orquesta y el coro interpretaron el «Himno de la Alegría» y después cada uno recogió sus cosas y se fue a su casa. La orquesta desapareció para siempre aquel mismo día, Casals tuvo que irse al exilio y nunca pudo cumplir su sueño de volver al Palau de la Música a interpretar la sinfonía de Beethoven.

con la otra se coge una baqueta para tocar un pequeño tamboril. Todas las orquestas del mundo han interpretado este «solo» pastoril, que dura 40 segundos, con flauta travesera o flautín hasta que en 1997 la Orquesta Sinfónica de Barcelona y Nacional de Cataluña realizó una grabación de la obra con el fragmento interpretado con «flabiol». El solista fue un tal David Puertas que 25 años después escribió el libro que tenéis en las manos. ¡Y no veáis la ilusión que me hizo grabar aquel solo! Se puede encontrar en Youtube poniendo «*El pesebre*. Flabiol».

La lucha de Pau Casals contra los totalitarismos y en favor de la democracia fue constante y la Organización de las Naciones Unidas se lo reconoció otorgándole la Medalla de la Paz y encargándole la composición del *Himno de la ONU*. Dicho himno, con letra del poeta norteamericano W.H. Auden, se estrenó en la sede de la Asamblea General de las Naciones Unidas en Nueva York el 24 de octubre de 1971.

El Gran Teatro del Liceo y la bomba

Según parece, la primera ópera que se pudo escuchar en Barcelona fue, en 1708, *Il più bel nome* de Antonio Caldara. La representación se celebró en el Palacio de la Lonja en motivo de la boda del archiduque Carlos de Austria con Elisabeth Cristina de Brunsvic-Wolfenbüttel. La compañía que llevó a cabo la interpretación fue traída expresamente de Italia para la ocasión y dicha obra no se volvió a interpretar en Barcelona hasta 300 años después.

La ópera en Barcelona tuvo su primer escenario estable en 1750, cuando el Teatro de la Santa Cruz, situado en la parte baja de la Rambla, empezó a programar títulos líricos de forma regular. El teatro sufrió un incendio en 1787, pero se reconstruyó. En este escenario ya se ofrecían comedias desde 1597, lo que le convierte en el teatro más antiguo de la ciudad. En el terreno operístico se dieron las primeras audiciones en España de títulos tan emblemáticos como *Orfeo y Euridice* de Gluck (1780), *Cosi fan tutte* de Mozart (1798), *El barbero de Sevilla* de Rossini (1818), *Nabucco* de Verdi (1844) e incluso la primera ópera de Wagner en la ciudad: *Lohengrin* (1882). Los autores locales también tuvieron sus oportunidades y aquí se estrenaron óperas de Josep Duran, Ferran Sor, Carles Baguer o Ramon Carnicer.

En 1847 se inauguró el Gran Teatro del Liceo, a 350 metros de distancia del de la Santa Cruz, justo en mitad de La Rambla: un teatro moderno, decorado a la última moda y con una capacidad para 2.500 personas, el mayor de Europa en aquel momento. Ante tamaña competencia, el teatro de la Santa Cruz pasó a llamarse Teatro Principal, por si alguien tenía dudas. Y aquí sí que empezaron los conflictos: los abonados y protectores del nuevo Liceo —los «liceístas» de ideología liberal— se enfrentaban a los defensores del teatro de siempre —los «cruzados», más conservadores— y unos y otros intentaban boicotear los estrenos que se celebraban en el teatro rival. Fue una época en que, gracias a la competencia, se estrenaban en Barcelona grandes producciones internacionales. Poco a poco, el Liceo fue ganando terreno y el Teatro Principal se centró en programar zarzuelas y obras líricas catalanas con música de los autores de moda del momento, como Enric Granados, Isaac Albéniz o Enric Morera.

Con los años, el Gran Teatro del Liceo consiguió situarse entre los grandes coliseos operísticos de Europa. A parte de las noticias musicales que ha generado, con estrenos y éxitos de los mejores solistas de los últimos 100 años, también ha generado un par de malas noticias: un atentado y un incendio. El atentado se produjo el 7 de noviembre de 1893 en plena época de conflicto social. El Liceo estaba muy identificado con la burguesía, la clase social que lo había levantado y mantenido desde su inauguración. No era un teatro sustentado por la monarquía, sino que era un teatro de la sociedad, aunque solo de un estamento de esa sociedad: la pudiente y bien situada económicamente. Paralelamente, el movimiento anarquista estaba en auge: la industrialización y la lucha de clases se vivían intensamente en la Barcelona de la época. Un par de meses antes, un atentado anarquista había intentado acabar con la vida del Capitán General de Cataluña sin conseguirlo. El autor fue detenido y ejecutado.

Emulando aquel episodio, otro anarquista empapado de odio hacia la clase burguesa, pagó una peseta para entrar en el teatro del Liceo, lugar que para él representaba lo peor de la burguesía. Subió hasta el quinto piso

Sembrar el terror

Durante el juicio, el terrorista dejó claro que no era gran amante de la ópera: «Mi intención era sembrar el terror, me era indiferente matar a unos que a otros». Fue ejecutado a garrote vil. La bomba que no estalló se exhibe actualmente en el Museo de Historia de Barcelona, aunque hay quien duda de su autenticidad. En todo caso, el artefacto es exactamente igual que el que explotó en mitad de la ópera de Rossini.

El Liceo destruido por el incendio de 1994.

con dos bombas Orsini, una en cada bolsillo de su abrigo. Cada artefacto pesaba unos 3 kilos, pero pasó desapercibido entre la multitud que ocupaba sus asientos para presenciar *Guillermo Tell* de Rossini. El terrorista disfrutó del primer acto, pero al iniciarse el segundo, lanzó las dos bombas. La primera explotó al instante causando la muerte de veinte personas. La segunda no explotó. El asesino fue detenido semanas después, ya que en primera instancia logró huir.

La segunda mala noticia referida al Liceo es la de su incendio: el 31 de enero de 1994, sobre las 10 de la mañana, se produjo un incendio devastador en el teatro. Las chispas de unos trabajos de soldadura saltaron al telón y rápidamente prendieron las telas, maderas y barnices del escenario y de la platea. En ese momento había más de cien personas en el teatro, incluidos los niños de una escuela, pero rápidamente todo el mundo fue evacuado.

Algunos músicos tuvieron tiempo de llevarse sus instrumentos, pero otros no: allí perecieron contrabajos, timbales, violonchelos y marimbas. El fuego se propagó rápidamente y el templo de la ópera quedó reducido a cenizas en menos de tres horas. En 1861 ya había sufrido un incendio, pero en aquella ocasión solamente quedaron afectados el escenario y la platea. El fuego de 1994 lo destruyó completamente. Ese mismo día se inició una suscripción para reconstruirlo y cinco años después (y 130 millones de euros) el Liceo reabrió sus puertas con *Turandot* de Puccini.

El auditorio fantasma de Joan Manén

Joan Manén fue un violinista y compositor barcelonés, contemporáneo de Pau Casals, que vivió entre 1883 y 1971. Su carrera internacional como intérprete de violín fue brillante y, la única diferencia con la de Casals es que Manén empezó como niño prodigio: a los 9 años ya había protagonizado conciertos en Barcelona y Madrid y a los 10 ya estaba de gira por América (del Sur, del Centro y del Norte). A los 14 años tocó en el Carnegie Hall de Nueva York y antes de los 18 ya había debutado en Alemania, incluso con la Filarmónica de Berlín. En una de las crisis propias de la adolescencia decidió dejar el violín y dedicarse a la composición. Por suerte, no cumplió lo primero, pero sí lo segundo: a lo largo de su vida compuso docenas y docenas de obras, desde pequeñas piezas para voz y piano hasta sinfonías e incluso un buen puñado de óperas que estrenó en el Liceo (en 1903 estrenó dos óperas en el coliseo barcelonés) e incluso en diferentes ciudades europeas, siendo uno de los poquísimos compositores españoles que han conseguido estrenar una ópera en Alemania.

Las críticas de todo el mundo lo destacaron como un violinista excelente, intenso y muy expresivo. Fue apodado «el nuevo Paganini» y, según parece, fue el primer violinista de la historia en grabar el *Concierto para violín y orquesta* de Beethoven. Hasta ahora constaba que la primera grabación comercial de esta obra era de 1925 (con el solista Joseph Wolfsthal y la Orquesta de la Ópera de Berlín), pero en el Museo de la Música de Barcelona se conserva una copia de la versión de Manén que lo acredita como el primero en grabar dicha obra.

Después de los éxitos internacionales que cosechó con sus interminables giras, se instaló definitivamente en Barcelona. Siguió actuando, pero las

Un fantasma en el cine

El no-nato auditorio Manén observó pasar los años olvidado por todos (incluido el inversor) y si paseabas por la calle Balmes podías ver su esqueleto allí, a medio construir, hasta que incluso los vecinos olvidaron qué era aquel enorme edificio que llevaba allí décadas abandonado sin que nadie le hiciera el menor caso. En el año 2000 la estructura del auditorio fue demolida y en su lugar se construyó un complejo multicines. Hay quién dice que, por las noches, cuando el cine está cerrado, se oye la voz del fantasma susurrando: «¿Cuándo podré estrenar aquí mis óperas?»

guerras mundiales truncaron muchos de sus planes, incluso perdió sus ahorros depositados en un banco alemán. A los 64 años participó como solista en un concierto que se le dedicó en el Palau de la Música Catalana y a los 74 recibió la medalla de oro de su ciudad natal. También ese año (1957) tocó el violín en la inauguración del Camp Nou, el estadio del Fútbol Club Barcelona.

A pesar de este historial tan relevante Joan Manén es hoy día un músico muy desconocido en su propia ciudad. Sus obras musicales no se interpretan con regularidad y su figura, un tanto altiva, no es de grato recuerdo para quienes le conocieron. Quizás si su gran proyecto para Barcelona hubiera culminado, hoy sería una figura más popular: en 1954 puso la primera piedra del que tenía que ser el Auditorio Manén, una gran sala de conciertos que tenía que competir con el Palau de la Música y el Liceo. La construcción de dicho auditorio en la parte alta de la ciudad (en la calle Balmes, a la altura del barrio del Putxet), se vio interrumpida en diversas ocasiones. La mayor parte del dinero con el que Manén contaba para llevar a cabo el proyecto provenía de sus inversiones en Cuba, pero la Revolución cubana le cerró el grifo. Ante los problemas económicos derivados, Manén cedió el proyecto al ayuntamiento, pero nunca se produjeron las inversiones prometidas. Años después Manén vendió el terreno con la edificación a medias a un inversor y así quedó durante años, como un auditorio fantasma en medio de la ciudad.

La sala central del Palau Güell.

El Palau Güell y el órgano de Gaudí

Los órganos son los instrumentos más grandes que hay. Suelen estar en las iglesias y en las salas de conciertos, por lo que tener uno en casa no es habitual. Cuando en 1886 el empresario y político barcelonés Eusebi Güell encargó la construcción de su residencia familiar, dejó muy claro que en el salón principal tenía que instalarse un órgano de gran tamaño. No había discusión: aquella casa tenía que ser un templo musical así que, aparte de reservar un espacio para que se pudiera colocar una orquesta y un coro cuando se celebraran veladas y conciertos privados, había que construir un órgano de 1.000 tubos.

Para un órgano, 1.000 tubos no es ninguna exageración. Pero para una casa privada, las dimensiones empiezan a ser un poco excesivas. El arquitecto encargado de construir el Palau Güell fue Antoni Gaudí, que por aquel entonces aún no gozaba de la fama que tendría años después con la construcción de la Sagrada Família. Gaudí entendió lo que Güell quería y proyectó un edificio funcional para que pudiera vivir el matrimonio y los hijos que tuvieran (al final fueron diez hijos), además de la docena de persona del servicio y un par de salas de reuniones para atender los compromisos laborales y políticos del señor. El salón central de la casa es magnífico, impresionante, coronado con una cúpula a 17 metros de altura que parece una noche estrellada. Justo ahí, en ese salón, se instaló el teclado del órgano para que todos los invitados pudieran observar al intérprete mientras tocaba. Pero los tubos del órgano se instalaron 15 metros más arriba, en el tercer piso, de manera que el sonido se producía allá arriba, cerca de la cúpula, y se repartía por todo el salón haciendo un recorrido de arriba abajo.

El órgano original fue encargado al mejor organero del país: Aquilino Amezúa. Los problemas técnicos que tuvo que superar fueron notables, principalmente por la distancia que había entre la consola del teclado y

El actual órgano del Palau Güell

El órgano Blancafort del Palau Güell es más grande que el original (tiene 1.400 tubos) y permite tocar repertorio para órgano de todos los tiempos. Tiene incorporado un sistema de reproducción automático que permite que, cuando visitemos el palacio, podamos escuchar una pieza interpretada por el órgano, aunque no esté el organista en aquel momento. El sonido no sale por altavoces, sino que el sistema graba la pieza guardando en la memoria todos los registros que se han utilizado y después se puede activar su reproducción cuando se desee.

los tubos, y también por el mecanismo que tenía que repartir el aire por el instrumento que fue mixto: una parte mecánica y otra eléctrica. Una vez inaugurado y gracias a los contactos que tenía el señor Güell, el palacio fue visitado y elogiado por nobles, príncipes y reyes. Allí se celebraron innumerables conciertos y dos de las hijas de Güell, Isabel y María Luisa, fueron buenas organistas y protagonizaron recitales muy aplaudidos.

Con el paso de los años el órgano fue quedando olvidado e incluso la familia dejó de utilizar el palacio como residencia familiar. Cuando a principios del siglo XXI se inició la restauración del edificio se intentó salvar el órgano, pero no fue posible, así que se encargó uno nuevo a la casa Blancafort, situada en Collbató, a 40 Km de Barcelona. Esta empresa es la responsable de la fabricación de órganos tan notables como el del Monasterio de Montserrat, el de la Sagrada Familia, el del Auditorio Nacional de Madrid o la restauración del de la Catedral de Barcelona, por mencionar solo cuatro de los más de 160 proyectos en los que han participado. El nuevo órgano del Palau Güell aprovechó algunos de los tubos instalados en la sala principal del palacio, pero situó la consola del teclado en el tercer piso. En los conciertos que allí se celebran hoy día, el público no ve al intérprete, igual que ocurre en la mayoría de órganos de iglesia de todo el mundo.

Para la inauguración del nuevo órgano, en el año 2012, se celebró un concierto en el que se estrenó la obra *Contrapunctum lucis* del compositor Xavier Pagès escrita para la ocasión. Un motivo de seis notas recorre toda la obra y está inspirado en las piezas hexagonales con las que Gaudí recubrió la cúpula del palacio y que generan un juego de luces envolvente cuando se escucha el órgano desde el salón principal.

Si comparamos el órgano del Palau Güell con algunos otros, quizás sus 1.400 tubos nos puedan parecer poca cosa, pero no olvidemos que está situado en una casa particular. Por ejemplo: el órgano de la Sagrada Familia tiene 1.500 tubos. El del Palau de la música, 3.700. El de Montserrat, 4.200. El más grande de Cataluña es el de Santa Maria de Mataró y cuenta con más de 4.500 tubos. El mayor de España es el de la catedral del Buen Pastor de San Sebastián, con 9.500 tubos, y el mayor del mundo se encuentra en Estados Unidos y tiene 28.500. Cuando uno está desafinado, encuéntralo.

Arnold Schönberg en el Puente de Vallcarca

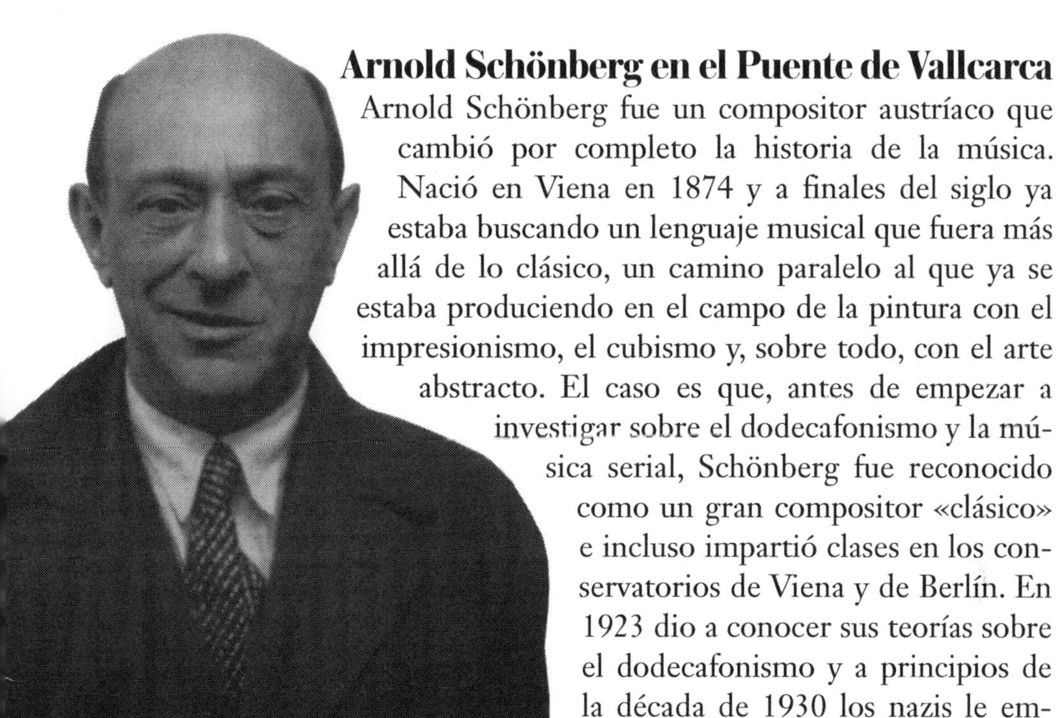

Arnold Schönberg.

Arnold Schönberg fue un compositor austríaco que cambió por completo la historia de la música. Nació en Viena en 1874 y a finales del siglo ya estaba buscando un lenguaje musical que fuera más allá de lo clásico, un camino paralelo al que ya se estaba produciendo en el campo de la pintura con el impresionismo, el cubismo y, sobre todo, con el arte abstracto. El caso es que, antes de empezar a investigar sobre el dodecafonismo y la música serial, Schönberg fue reconocido como un gran compositor «clásico» e incluso impartió clases en los conservatorios de Viena y de Berlín. En 1923 dio a conocer sus teorías sobre el dodecafonismo y a principios de la década de 1930 los nazis le empezaron a hacer la vida imposible: prohibieron la interpretación de su música, considerada «degenerada» y contraria a los ideales nacionalsocialistas, y le apartaron de su cátedra por su origen judío.

Entonces aceptó la invitación de un antiguo alumno suyo que vivía en Barcelona, el compositor Robert Gerhard, buscando también un mejor clima para aliviar su asma. Schönberg y su esposa llegaron a Barcelona en septiembre de 1931 y se quedaron en la ciudad nueve meses. Durante este periodo el compositor austríaco trabajó en algunas composiciones que tenía entre manos, como la ópera *Moisés y Aaron*, dirigió la Orquesta Pau Casals en el Palau de la Música Catalana en un concierto celebrado el 3 de abril con diversas obras suyas, y vio nacer a su hija en mayo: le pusieron de nombre Núria, un nombre catalán, en agradecimiento a la cálida acogida que recibieron durante esos meses en Barcelona: «¿Puedo decir —al darles las gracias de todo corazón— que un reconocimiento como éste honra también a quien lo manifiesta? Esto es, a ustedes que con este homenaje —por encima de toda consideración estética— han testimoniado una pura atención espiritual a un hecho moral».

Desde octubre, el matrimonio Schönberg se alojó en una casa situada a poco más de 300 metros del puente de Vallcarca, en la parte alta de Barcelona. Aunque popularmente recibe ese nombre, se trata de un viaducto que había sido inaugurado en 1923 y permitía acercar a la ciudad uno de los barrios que se encontraban en el mismo monte que el Parque Güell diseñado por Antoni Gaudí (durante años también fue conocido como «el puente de los suicidas», pero pasaremos discretamente sobre este asunto). Una de las calles empinadísimas que van desde Vallcarca hasta el parque por la ladera de la montaña es la llamada Bajada de Briz (podría llamarse «subida», pero se llama «bajada». Pues nada. Mejor así). Allí, en el número 22, una placa recuerda que aquella fue la casa donde vivieron los Schönberg. La placa fue colocada en 2012, ochenta años después de que el compositor y su familia abandonaran la ciudad para exiliarse en los Estados Unidos. Muy cerca de allí, una pequeña calle ha sido bautizada con el nombre de calle Arnold Schönberg y, curiosamente, hace esquina con la calle dedicada a otro gran compositor: la calle Verdi.

Uno de los primeros episodios que vivió Schonberg durante su estancia en Barcelona fue una jornada musical en un pueblo situado a 40 km al sur de la ciudad llamado Sant Pere de Ribes. En ese pueblo, su anfitrión Robert Gerhard tenía un amigo, el poeta Carles Maristany, que poseía una gran casa de estilo inglés llamada «El muro». El 27 de septiembre de 1931 se celebró en dicho lugar un concierto al que asistió una buena representación de la sociedad musical catalana con la interpretación de obras de Gerhard, de Schönberg y de otros autores de vanguardia, como Stravinsky, Hindemit o Honegger. Se conservan algunas fotos de aquel día en las que se ve cómo, mientras se preparaba el concierto, el aperitivo y las bebidas, Schönberg se entretenía practicando a su deporte favorito: el tennis.

Otro insigne visitante de la ciudad de Barcelona fue el científico Albert Einstein y si lo hacemos aparecer en este libro es porque su visita tuvo un toque musical muy interesante. El 27 de febrero de 1923 la comunidad científica de la ciudad ofreció una cena al insigne físico que estaba de visita para ofrecer una conferencias. En dicha cena, a demás de obsequiarle con distintos platos autóctonos, le deleitaron con una selección musical a base de obras para guitarra (interpretadas por el que años después sería uno de los mayores guitarristas del país: Regino Sainz de la Maza), obras para trio clásico (violín, violonchelo y piano) y canciones populares interpretadas por la soprano Andrea Fonells, integrante del Orfeón Catalán que también ofrecía recitales como liederista. No consta qué canciones pudo escuchar Einstein, pero es posible que se interpreran algunas canciones líricas del repertorio de la época firmadas por Manuel de Falla, Enric Granados, Frederic Mompou o Eduard Toldrà. El caso es que, entusiasmado con la obras que escuchó (seguramente también con la comida y con los vinos), Einstein pidió más música y al día siguiente se le ofreció otro recital, esta vez a cargo de una formación típica catalana: la Cobla Barcelona que le interpretó cuatro sardanas en la Escuela Industrial. 𝄞

Leipzig

Leipzig es una capital musical indiscutible. En ella han vivido figuras de la talla de Telemann, Bach, Mendelssohn, Wagner, el matrimonio Schumann (Clara y Robert), Mahler y un sinfín de compositores, intérpretes y directores muy relevantes. La vida musical de Leipzig ya era conocida en la época del Barroco y se cree que fue una de las primeras ciudades del mundo en las que se puso de moda el concepto de «concierto a taquilla»: previo pago de una entrada, cualquier persona podía disfrutar de la música que interpretaba una orquesta. Y con la recaudación se pagaban los gastos del local y el sueldo de los músicos.

Durante siglos ha ofrecido tres puestos de trabajo muy codiciados: el de director de la orquesta de la Gewandhaus, el de director de la ópera de Leipzig y el de director musical de la Iglesia de Santo Tomás. Visitaremos estas centenarias instituciones (las dos primeras están frente a frente en la misma plaza y a menudo el director de una ha sido también director de la otra) y descubriremos algunos detalles sobre los compositores que aparecen en las camisetas para turistas y en las tazas de café de las tiendas de souvenirs: Bach, Mendelssohn y Wagner.

Leipzig fue durante siglos un centro comercial e intelectual de primer orden. Desde el siglo XI se celebraban diversas ferias comerciales anuales y ya en el XV tuvo una gran importancia la industria editorial, con una primera imprenta funcionando en 1481. Una de las universidades más antiguas de Europa de fundó aquí (en 1409) y en ella estudiaron personajes que después fueron ilustres como el compositor Robert Schumann, el poeta Goethe, los filósofos Leibniz y Nietzsche, los físicos Heisenberg y Hertz, el matemático Möbius o la cancillera Angela Merkel. Actualmente la universidad cuenta con más de 25.000 alumnos.

Después del final de la Segunda Guerra Mundial la ciudad quedó bajo el control del bando soviético y a pesar de que siguió siendo un motor cultural, perdió su tradición comercial y mucha población joven huyó de la República Democrática Alemana. Fue precisamente en Leipzig donde se empezó a fraguar la caída del muro de Berlín, con las famosas manifestaciones silenciosas de los lunes que se convocaron ante la iglesia de San Nicolás en octubre de 1989, de ahí que también se la conozca como «la ciudad de los héroes».

También echaremos una ojeada a la casa de Mendelssohn, quien fundó el conservatorio de la ciudad, a la de Clara Schumann, que vivió aquí una preciosa historia de amor, y no olvidaremos el monumento al lipsiense más controvertido: Richard Wagner.

Iglesia de Santo Tomás.

La Iglesia de Santo Tomás y el coro infantil

De los 65 años que vivió Johann Sebastian Bach, los últimos 27 los pasó en Leipzig. Cuando llegó a la ciudad sajona ya había ostentado diversos cargos como director de música en las cortes de Weimar y de Köthen. Su prestigio como organista no tenía parangón y era reconocido especialmente por su dominio del contrapunto, una técnica de composición musical muy ligada al Renacimiento y al primer Barroco. El ayuntamiento de Leipzig convocó la plaza de *Kantor* de la iglesia de Santo Tomás y Bach se presentó junto con un nutrido grupo de aspirantes. Bach quería cambiar de aires después de que el príncipe de Köthen se casara con una princesa que Bach describió com «anti-música». Desde que ella entró en palacio, sometió a Bach y al resto de músicos a un *mobbing* laboral que Bach no quiso seguir soportando.

La plaza de Leipzig fue ofrecida en primera instancia a Georg Phillip Telemann, el compositor más prestigioso del momento, pero este declinó la oferta ya que prefirió seguir como director musical de la ciudad de Hamburgo. El segundo de la lista fue Christoph Graupner, director de música de Darmstadt que quiso cambiar de aires porque le debían varias mensualidades. Cuando en Darmstad se enteraron de que opositaba a la plaza de Leipzig, le pagaron inmediatamente las deudas y Graupner renunció al concurso. En su carta de renuncia recomendó para el puesto a

Johann Sebastian Bach.

Johann Sebastian Bach. Así pues, la oferta se trasladó al tercero de la lista y, después de varias pruebas, conciertos y entrevistas, Bach fue elegido para el cargo. Según consta en las actas del ayuntamiento de Leipzig: «ya que no se ha podido contratar a los mejores, habrá que contratar a los mediocres».

En 1723 Bach dejó su trabajo como maestro de capilla de la corte de Köthen donde básicamente se dedicaba a la composición de música cortesana para el entretenimiento de la nobleza y se instaló en Leipzig. Sus obligaciones en su nuevo trabajo serían radicalmente distintas: estaría al servicio de la Iglesia y su función principal sería la de instruir a los jóvenes que cantaban en el coro. Paralelamente, también ejercería como *Generalmusikdirektor* o *Director Musices Lippsiensis*, teniendo a su cargo la supervisión de las diferentes instituciones musicales de la ciudad y especialmente la de la música sacra de las iglesias de Santo Tomás, San Nicolás y San Pablo (actualmente desaparecida).

Familia numerosa

En su primer matrimonio, Bach había tenido siete hijos pero tres murieron siendo bebés. Así que, cuando se instalaron en Leipzig, la familia ya estaba formada por cinco miembros: Bach, su segunda esposa Anna Magdalena, una hija adolescente de 15 años y tres niños de 12, 9 y 8. A los pocos meses nació el primero de los trece hijos que tendría Anna Magdalena, aunque solamente sobrevivirían siete. En resumen: Bach tuvo 20 hijos, siete con su primera esposa y trece con la segunda. Pero tuvo que enterrar a la mitad, porcentaje habitual en una época en la que la medicina pediátrica aún funcionaba con técnicas prehistóricas.

Bach no imaginó que la cantidad de trabajo que supondría el cargo le llevaría al borde del colapso. De pronto se encontró ejerciendo como organista, como profesor de latín y de canto, como director de coro y como compositor de música sacra con la obligación de componer obras nuevas a diario. En lo personal, tampoco la cosa estaba muy tranquila: después de enviudar de Maria Barbara, Bach se había casado con Anna Magdalena —una notable soprano— quien no estuvo muy de acuerdo con el traslado a Leipzig ya que, en dicha ciudad (como en la mayoría de las ciudades alemanas en aquel momento) las mujeres no podían cantar en público. Bach tenía claro que entre las funciones de su esposa la de cantar no sería prioritaria, así que se trasladaron y punto.

Al acceder al cargo de *Kantor* de Santo Tomás, Bach pensó que la institución consideraba la educación musical como una prioridad, pero pronto se dio cuenta de que solamente era un complemento. Las peticiones de más recursos fueron constantes ya que su objetivo era subir el nivel musical de la institución, pero el concejo de la ciudad le decía que no se quejara tanto y que trabajara más. El coro de niños de Santo Tomás era una de las joyas musicales de Leipzig y lo sigue siendo hoy en día. Tiene 800 años de historia y, si visitamos la ciudad, vale la pena informarse de los conciertos que ofrecen para poderlos escuchar. Desde su fundación en 1212 ha estado activo de forma ininterrumpida, incluso durante el nazismo siguió funcionando (integrado en las «Juventudes hitlerianas») y durante la época soviética, también. Actualmente está formado por un centenar de niños, los *Thomaner*, que viven en el internado y estudian en la Thomasschule.

En la época en la que Bach dirigió el coro, la calidad del mismo no era la deseable. En ocasiones, Bach se quejaba de que con pocas voces no se podía trabajar y que perdía el tiempo dando clases de latín en lugar de dedicarse por completo a la música. En una carta al ayuntamiento fechada en 1730 dice que no está de acuerdo en que se incorporen niños al coro sin tener nociones de música y que se priorice la «beneficencia» antes que la música: «Actualmente cuento solamente con 17 voces útiles, con 20 que quizás lo puedan llegar a ser y con 17 incapaces. Y con estos efectivos tengo que formar cuatro coros, uno para cada iglesia». En aquella época, harto de las disputas con el concejo de Leipzig, mandó una carta a un colega suyo pidiéndole información sobre un puesto de trabajo en Turingia. Finalmente, Bach se quedó en Leipzig y aquí escribió las obras cumbre de la música sacra: las pasiones, las cantatas, los oratorios y las misas.

La iglesia más antigua de Leipzig es la de San Nicolás (construida sobre el año 1165) y la música que en ella se interpretaba también fue responsabilidad de Bach durante más de 25 años. Aquí estrenó la *Pasión según San*

Juan (1724) y una parte del *Oratorio de Navidad* (1734) dos de sus obras más importantes. El órgano que tocó ya no existe, pero en su lugar el organero Friedrich Ladegast construyó uno en 1862 que está considerado el más grande de Sajonia: actualmente sigue activo y después de algunas remodelaciones cuenta con cinco teclados para las manos, uno para los pies, más de 100 registros y cerca de 5.000 tubos.

A poco más de cinco minutos a pie de San Nicolás está la iglesia de Santo Tomás, la segunda más antigua de Leipzig. Fue construida en 1212 y, con la incorporación de un monasterio agustino, se convirtió en la principal de la ciudad. En ella está la sepultura de Johann Sebastian Bach ya que sus restos fueron trasladados aquí en 1950 después de que la iglesia de San Juan donde reposaban fuera destruida durante la Segunda Guerra Mundial. Tampoco el órgano original pervive. En su lugar hay uno construido en 1889, una época en la que la música de Bach había pasado de moda y todavía no se había revalorizado. Dicho órgano es poco apto para tocar la música de Bach, así que, en el año 2000, se decidió construir otro órgano que honrara como Dios manda la figura del *Kantor*. La torre de la iglesia de Santo Tomás cuenta con cuatro campanas la mayor de las cuales tiene más de 500 años y pesa cinco toneladas.

Santo Tomás es el centro neurálgico del Festival Bach que cada año se celebra en Leipzig durante el mes de junio. En la plaza adyacente se colocan pantallas gigantes para que el público que no ha conseguido entrada pueda seguir los conciertos desde el exterior. En frente de la iglesia se encuentra el Museo Bach y el Archivo Bach, centros indispensables para el estudio de la vida y la obra del músico.

Todos los hijos y todas las hijas de Bach se dedicaron a la música con mayor o menor fortuna, pero mientras vivieron bajo el techo familiar colaboraron intensamente con el trabajo de su padre copiando partituras, haciendo arreglos musicales, ayudando en los ensayos e interpretando música al clave, al órgano o con instrumentos de cuerda. No se podría concebir que Bach hubiera escrito tal cantidad de obras para los oficios religiosos de las iglesias a su cargo sin el concurso de la «factoría» Bach trabajando a toda máquina en casa. Años después, algunos de sus hijos llegaron a ser mucho más famosos que el padre y ostentaron cargos muy relevantes, como Carl Philipp Emanuel que fue compositor de cámara del rey de Prusia o Johann Christian que fue profesor de música de la reina de Inglaterra.

Sede de la Orquesta de la Gewandhaus.

El Collegium Musicum y el oculista charlatán

No solo de música sacra vivió Bach. Para completar su sueldo también escribió música de concierto ya que en Leipzig no la disfrutaba solamente la nobleza sino que también era accesible a cualquier persona que pudiera pagar una entrada. Años atrás, Telemann había fundado el Collegium Musicum, una agrupación instrumental formada por estudiantes de la universidad. En 1729 Bach asumió la dirección de esta institución y con ella estrenó numerosas cantatas no religiosas y música de concierto, como la *Cantata del café*, las *Suites para orquesta* y numerosos conciertos para violín o clave. En ocasiones era él mismo el solista y en otras, alguno de sus hijos que ya apuntaban maneras. Uno de los lugares más concurridos donde se ofrecían los conciertos del Collegium Musicum era el Café Zimmermann, un local muy popular situado junto a la plaza del mercado en el que no había que pagar entrada: bastaba con pedir una consumición para disfrutar de la música en directo. El dueño del local, Gottfried Zimmermann, era un amante de la música y los conciertos se siguieron celebrando en el café más famoso de la ciudad hasta que Zimmermann murió en 1741.

En 1743 Bach vio los primeros pasos de una nueva orquesta que se fundó en Leipzig bajo el mecenazgo de la burguesía: la actualmente conocida como Orquesta de la Gewandhaus («casa de telas», ya que ofrecía sus conciertos en el recinto ferial de los comerciantes de telas). Dicha orquesta está considerada como una de las mejores del mundo. Felix Mendelssohn la dirigió durante doce años, entre 1835 y 1847, y en el siglo XX han ostentado el cargo de director titular las mejores batutas de cada momento: de Wilhelm Furtwängler a Riccardo Chailly pasando por Bruno Walter o Kurt Masur. En 1984 se inauguró la sala de conciertos en la que actúa, en la Augustusplatz, en frente del edificio de la ópera, ya que la «Nueva Gewandhaus» que era su sede desde 1884 quedó destruida por un bombardeo durante la Segunda Guerra Mundial.

Grabado con una imagen del Collegium Musicum.

Otro de los edificios musicales que sucumbió a las bombas fue el teatro de la Ópera de Leipzig. Funcionaba desde 1693, uno de los más antiguos de Europa, y en él se estrenaron óperas como *Oberon* de Carl Maria von Weber o *Genoveva* de Robert Schumann. Gustav Mahler dirigió en Leipzig en numerosas ocasiones después de su debut en 1886 con *Lohengrin* de Wagner y también Richard Strauss cosechó grandes éxitos en la ciudad. El edificio actual de la Ópera de Leipzig, en la Augustusplatz, se inauguró en 1960 (naturalmente con una ópera de Wagner, hijo insigne de la ciudad) y cuenta con 1.400 localidades.

Bach no compuso jamás una ópera, pero algunas de sus obras, como las cantatas y sobre todo las pasiones, vendrían a ser como óperas sin escenificar: cuentan una historia con gran contenido dramático y los protagonistas son la música y el texto. A los 64 años, Bach empezó a tener problemas de visión ya que unas cataratas le nublaban la vista. Se puso en manos de un famoso oftalmólogo llamado John Taylor cuyas técnicas le acercaban más al oficio de charlatán que al de médico.

El caso es que, en 1750, Taylor practicó dos operaciones a Bach. La primera no salió bien y la segunda le dejó ciego por completo. Los cuidados postoperatorios que Taylor recomendaba eran a base de sal y mercurio lo que hoy día sería una aberración. Cuatro meses después, Bach murió.

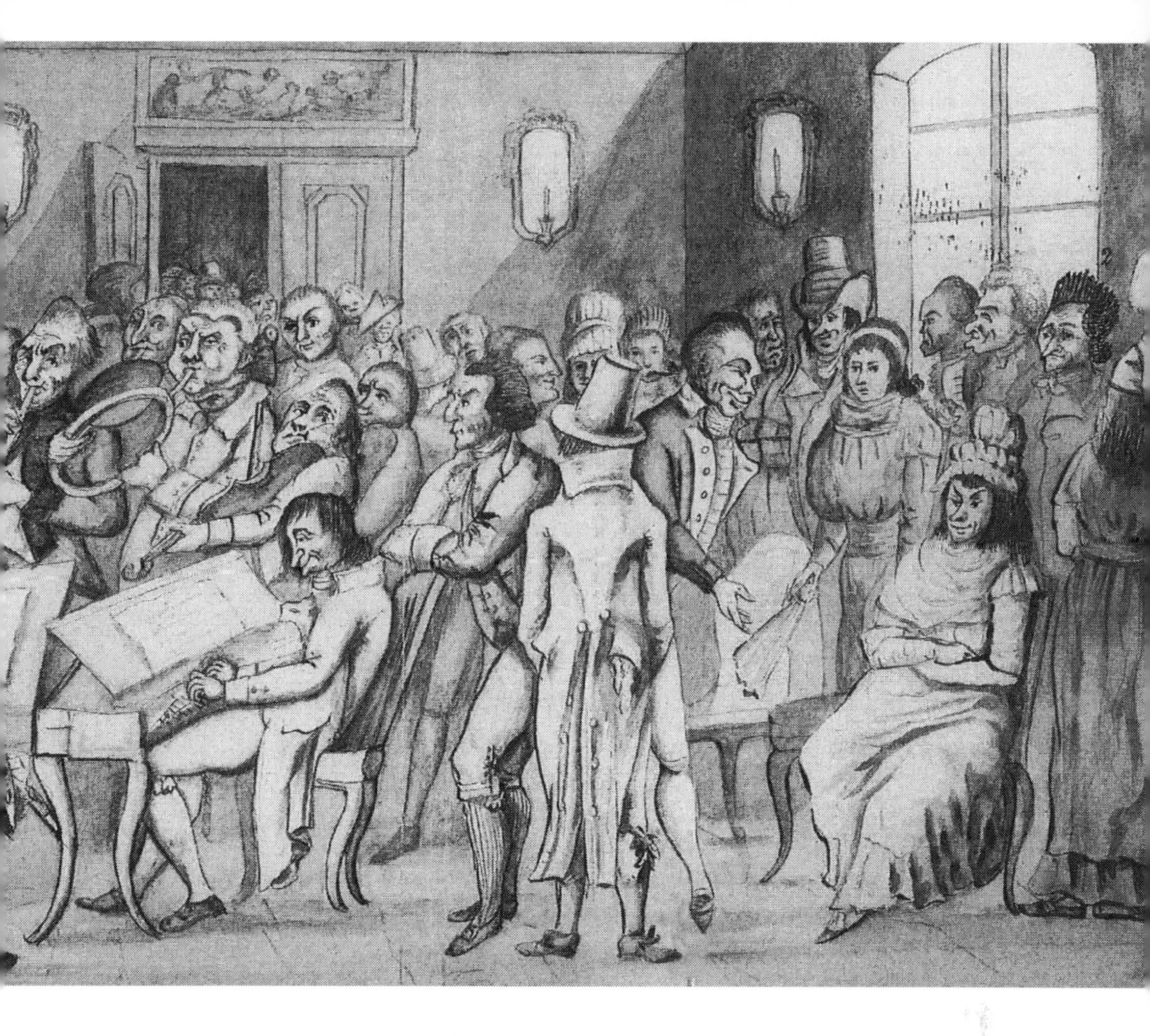

Quizás su muerte no se puede achacar directamente a la operación fallida, pero seguro que el glaucoma resultante y las sangrías y purgas a las que se sometió contribuyeron a ello. Lo más triste del caso es que Taylor siguió campando a sus anchas por Europa y, un par de años después, operó de cataratas a otro músico insigne, Georg Frederic Haendel, con el mismo

En manos de un charlatán

John Taylor alardeaba de haber tratado a reyes y príncipes, viajaba con un carromato en el que se leía la inscripción: «El que da la vista, da la vida» y solía irse de la ciudad rápidamente antes de que se retiraran los apósitos a sus pacientes y se pudiera comprobar el resultado de sus operaciones. Llevaba a cabo las intervenciones en las plazas de los mercados a la vista de todo el mundo con la anestesia propia de la época: inhalación de opio, ingesta generosa de alcohol, corte de respiración hasta perder el sentido o mazazo en la sien. Vamos: un festival de técnicas anestésicas que no mejoró hasta mediados del siglo XIX cuando se empezó a aplicar la inhalación de óxido nitroso y, más tarde, de éter y cloroformo.

resultado: le dejó ciego, aunque en esta ocasión Haendel no falleció y vivió una docena más de años en la penumbra. También es triste pensar que en 1747 un oftalmólogo francés había ideado un nuevo sistema para operar cataratas, la que hoy se conoce como extracción extracapsular, con una efectividad mucho más alta que la prehistórica técnica de Taylor, pero dicha noticia llegó a Leipzig cuando Bach ya llevaba años muerto.

La Mendelssohn-Haus y los viajes musicales

Leipzig cuenta con varias casas-museo dedicadas a los músicos que allí vivieron como Bach, Mendelssohn, Schumann, Mahler o Wagner. Una de las más interesantes es la Mendelssohn-Haus (situada en el nº 12 de Goldschmidtstrasse) en la que el compositor hamburgués vivió los dos últimos años de su vida, de 1845 a 1847. La relación de Mendelssohn con Leipzig era anterior ya que se instaló en la ciudad en 1835 cuando fue nombrado director de la Orquesta de la Gewandhaus. No abandonó el cargo hasta su muerte, aunque durante un período de cuatro años se instaló en Berlín. En Leipzig vivió con su esposa Cécile Jeanrenaud con la que tuvo cinco hijos y compuso algunas de sus obras más preciadas, como los oratorios *Paulus* y *Elías*. La casa museo fue inaugurada en 1997 y en ella se celebran conciertos y seminarios y se pueden contemplar algunos de los cuadros pintados por el propio compositor.

Felix Mendelssohn pertenecía a una familia rica y bien situada que se preocupó de que Felix y su hermana Fanny recibieran una educación completa en todas las disciplinas, especialmente las artísticas. A los 15 años, los jóvenes ya destacaban como autores de poemas, pintores de acuarelas y compositores. En la música, Felix fue especialmente precoz: a los nueve años protagonizó su primer concierto como pianista, a los once escribió su primera sinfonía y a los 16 estrenó su primera ópera. El padre de Mendelssohn se llamaba Abraham y fue un acaudalado banquero, hijo del famoso filósofo Moses Mendelssohn. El bueno de Abraham ha pasado a la historia por una ocurrente frase: «Siempre he sido conocido como el hijo de Mendelssohn y ahora lo soy como el padre de Mendelssohn».

Felix tuvo los mejores maestros y su padre le pagó todos los caprichos, siempre que tuvieran una traducción educativa. Por ejemplo: cuando el niño, a los doce años, le pidió una orquesta para poder estrenar las sinfonías que

La casa de Mendelssohn.

estaba componiendo, el padre aceptó. Sus primeras 12 sinfonías están escritas para orquesta de cuerda (quizás el presupuesto tampoco daba para más), pero cuando Fanny cumplió 15 años, Felix le regaló una gran sinfonía para orquesta completa, así que el padre tuvo que rascarse el bolsillo y contratar una orquesta sinfónica para tocar la obra del chaval. Otro de los gastos educativos que la familia no desdeñó fue el de los viajes de estudios. Durante años, Mendelssohn pudo viajar por Alemania, Austria, Suiza, Francia, Italia e incluso Inglaterra para conocer de primera mano la música que allí se hacía. A los 26 años fue nombrado director de la Gewandhaus de Leipzig y no solo destacó por la interpretación de las obras de los autores recientes como Beethoven, Schubert, Berlioz, Liszt o Wagner, sino que impulsó un ciclo de conciertos «históricos» con la interpretación de música alemana de épocas anteriores. Gracias a ello recuperó partituras de Bach que hacía un siglo que nadie interpretaba, como la *Pasión según San Mateo* que causó una gran sensación y significó el inicio del redescubrimiento de la música de Bach. También dirigió el estreno de la *Novena* de Schubert, diez años después de la muerte del autor.

El autor de la «Marcha nupcial»

Para el común de los mortales, Mendelssohn siempre será el autor de la famosa «Marcha nupcial» que suena en las bodas y que pertenece a la música teatral que compuso para una producción de *El sueño de una noche de verano* de Shakespeare.

En 1843, cuando su posición en Leipzig estaba plenamente consolidada, fundó el Conservatorio de la ciudad y se rodeó de algunos de los mejores profesores del momento, como los violinistas Ferdinand David y Joseph Joachim o el compositor Robert Schumann. Desgraciadamente, Mendelssohn murió a los 38 años, probablemente a causa de una embolia después de haber padecido durante años graves dolores de cabeza. El ingente trabajo musical que hizo en Leipzig fue reconocido con una estatua que los nazis derribaron por el origen judío del compositor. La estatua fue repuesta en 2008.

Otra de las casas museo de Leipzig es la del matrimonio Schumann. Robert Schumann era estudiante de leyes en la Universidad de Leipzig, pero pronto dejó dichos estudios para centrarse en el piano. Acudió a las clases de uno de los más prestigiosos profesores del momento, Friedrich Wieck, pero tuvo que dejar la carrera de pianista ya que sufrió una lesión en una mano posiblemente producida al excederse en unos ejercicios de fortalecimiento de los tendones de los dedos. Pero las clases en casa de Wieck fueron provechosas: allí conoció a la hija de su profesor, Clara Wieck. Se enamoraron apasionadamente, pero el padre de ella se opuso a la relación. No estaba dispuesto a que su hija de 16 años se casara con un pianista frustrado y compositor mediocre (de 25 años) y que, además, se viera obligada a dejar su carrera como pianista virtuosa si asumía las funciones de ama de casa.

Los jóvenes siguieron intercambiándose obras musicales dedicadas del uno al otro, poemas y mensajes apasionados. Después de años de relación epistolar, de encuentros furtivos y de litigios con el padre, Robert y Clara obtuvieron un permiso judicial para casarse y lo hicieron en Leipzig en 1840 el día antes de que ella cumpliera 21 años. Actualmente puede visitarse la iglesia Memorial Schönefeld donde celebraron la boda, en la que un relieve recuerda la efeméride. Los primeros cuatro años de convivencia los pasaron en la casa que hoy día se puede visitar en el nº 18 de Inselstrasse. El matrimonio tuvo ocho hijos y Clara siguió su carrera profesional como pianista mientras Robert componía obras, dirigía orquestas y escribía para la publicación que él mismo fundó en Leipzig —la *Neue Zeitschrift für Musik (Nueva revista de música)*— una revista que aún se sigue publicando con una periodicidad bimestral. En esta revista se publicó en 1850 el polémico artículo de Wagner «Los judíos en la música» en el que se criticaba la figura de Mendelssohn. Es posible que el «antimendelssohnismo» de Wagner estuviera motivado porque, años atrás, cuando Wagner tenía 18 años, le mandó a Mendelssohn la partitura de su primera sinfonía para que la programara con la Gewandhaus, pero Mendelssohn extravió los papeles y Wagner tardó años en recuperarlos.

De izda. a dcha. Clara Schumann, Richard y Cosima Wagner y Felix Mendelssohn.

Wagner nació en Leipzig en 1813, lo bautizaron en la iglesia de Santo Tomás, pero su padre murió poco después y la madre se trasladó a Dresde. Volvieron en 1827 y más tarde se matriculó como estudiante en la Universidad de Leipzig. Algunas de sus primeras composiciones se estrenaron en la ciudad, pero las ofertas de trabajo que recibió y sus proyectos operísticos le alejaron de su tierra natal. Wagner desarrolló contra viento y marea su teoría sobre la ópera, a la que consideró «el arte total», y tiene un puesto en el selecto grupo de los grandes compositores de ópera de todos los tiempos junto a Verdi, Puccini, Rossini, Mozart y pocos más. Después de separarse de su primera esposa protagonizó un gran escándalo fugándose con Cosima Liszt, la esposa de Hans von Bülow, el director de orquesta que estrenaba sus óperas. Von Bülow aceptó deportivamente los sonoros cuernos y Richard y Cosima (ella era 24 años más joven que él) acabaron viviendo juntos toda la vida y criando a tres hijos.

En 1983, coincidiendo con el centenario de su muerte, la ciudad de Leipzig inauguró un monumento dedicado a Richard Wagner que no es fácil de localizar. Queda un poco escondido detrás del teatro de la ópera y demuestra que el antisemitismo de Wagner y la utilización que los nazis hicieron de su música ha incomodado siempre a las autoridades de Leipzig. En 2013, coincidiendo con el bicentenario del nacimiento del autor, se inauguró otro monumento que, esta vez sí, hace justicia al genio de la ópera alemana del siglo XIX.

Praga

La capital de la República Checa es, sin duda, una de las grandes ciudades de la música clásica. El amor de los praguenses por la música se remonta a la época del Reino de Bohemia, con una gran tradición en la música popular, pero la llegada de los Habsburgo y su relación con el Sacro Imperio Romano-Germánico instaló en Praga una tradición musical más refinada y elitista. Muchos de los reyes de Bohemia también fueron emperadores y, aunque la capital del imperio era Viena, durante algunas décadas —alrededor del año 1600— lo fue Praga. Orquestas, teatros de ópera, conciertos, música de cámara en los palacios... Grandes intérpretes y compositores se acercaban a la ciudad para celebrar estrenos y recibir encargos. Entre los más destacados encontramos a Mozart quién escribió la famosa frase: «Mis praguenses me quieren».

Los compositores autóctonos más destacados son Smetana y Dvorak, y aunque los detalles de sus vidas no son conocidos por el gran público, en Praga su música es considerada patrimonio nacional y sus óperas —cantadas en lengua checa— se siguen programando y siguen llenando teatros. Lo que sí que es Patrimonio de la Humanidad es el centro histórico de la ciudad, que incluye algunas iglesias en las que se celebran conciertos constantemente como la Iglesia de San Nicolás, que aún conserva el órgano que tocó Mozart, la de Santiago o la de San Simón y San Judas donde se organizan ciclos de cámara y de música antigua.

En Praga, con sus diez universidades, viven cerca de 90.000 estudiantes de todos los países imaginables. La Universidad Carolina está considerada una de las más antiguas de Europa, ya que fue fundada en 1348 y varios de esos centros educativos ofrecen estudios musicales de grado superior. Entre los festivales musicales de la ciudad no nos podemos perder la Primavera de Praga ni el Festival de Invierno, o alguno de los múltiples conciertos que se celebran a la vera del río Moldava que atraviesa la ciudad de Sur a Norte. Praga es sinónimo de música. Casi, casi, en cada esquina.

Dvorak, el Teatro Estatal y las palomas

Para pronunciar bien el nombre de Dvorak hay que poner cara eslava y decir «Vórsac». En todo caso, nada de «Devórac». Antonin Dvorak es el compositor checo más famoso, con permiso de su maestro, Bdrich Smetana. Nació en un pueblo a 20 Km de Praga en 1841 y murió en la capital en 1904. Trabajó como músico desde muy joven, pero no empezó a ser conocido hasta los 35 años, cuando estrenó algunas obras que le dieron fama. El compositor alemán Johannes Brahms le echó una mano y le ayudó a publicar sus ahora famosas *Danzas eslavas*. Con estas pequeñas obras para piano, Dvorak consiguió una asombrosa síntesis entre música popular y música de concierto. Gracias al éxito de estas partituras, empezó a estrenar obras que tenía escritas mucho antes pero que no había tenido ocasión de poner sobre el atril. Pudo llevar al escenario más de media docena de óperas (en lengua checa) que le catapultaron a la fama y lo convirtieron en «compositor nacional». Por fin se pudo dedicar a su pasión, la colombofilia (la cría de palomas mensajeras), y le empezaron a llover encargos de Praga, de Viena, de Moscú, de Londres e incluso de Estados Unidos. Encargos de obras musicales, se entiende, no de palomas.

Antonin Dvorak.

Desde siempre Dvorak tuvo interés por la música popular de su tierra y amplió su mirada hacia las regiones cercanas, de manera que no se inspiró únicamente en la tradición checa si no que estudió e incorporó giros musicales eslovacos, moravios, silesios, polacos, rusos, ucranianos, croatas, servios, eslovenos, búlgaros, macedonios y moravios. A los 50 años fue nombrado profesor del Conservatorio de Praga y, al año siguiente, se trasladó a Nueva York para dirigir el conservatorio de dicha ciudad americana. La oferta económica que recibió fue astronómica: le ofrecían ganar cada año lo mismo que había ganado hasta ese momento en toda su vida. El primer año sí que cobró lo pactado, el segundo, cobró la mitad y el tercero ya hizo las maletas para volver a casa: ni resultó ser oro todo lo que relucía

Festival Internacional de Música Primavera de Praga.

La influencia de los pieles-rojas

Según dijo Dvorak: «Yo solamente he escrito amoldándome a las particularidades de la música negra o de los pieles-rojas, y he desarrollado esos temas por medio de los recursos del ritmo, la armonía, el contrapunto y los colores de la orquesta moderna».

en América ni pudo soportar los ataques de nostalgia que sufría cada vez más a menudo.

Durante su estancia en Nueva York se interesó por la música popular estadounidense, visitó algunas poblaciones para recabar información sobre los cantos y danzas de los pueblos indígenas y también sobre las tradiciones de las comunidades de esclavos liberados pocas décadas atrás. Todas estas músicas, pasadas por la reflexión y el oficio de Dvorak, fueron a parar a las obras que allí compuso: el *Cuarteto americano*, el *Quinteto op. 97*, el *Concierto para violonchelo* y la famosa *Sinfonía del Nuevo Mundo.*

La *Sinfonía del Nuevo Mundo* es una de las obras sinfónicas más programadas en los ciclos de música clásica de todo el planeta, con su famoso «solo» de corno inglés en el segundo movimiento inspirado en las canciones espirituales de los pueblos afroamericanos. Esta obra de Dvorak no ha tenido éxito solamente en las salas de concierto: Neil Armstrong se llevó una grabación a su viaje a la Luna en 1969, así que fue una de las obras que sonaron en el espacio acompañando a los astronautas del Apollo 11.

Se la conoce con el sobrenombre de «Del Nuevo Mundo», pero el título original era, simplemente, *Sinfonía nº 9*. Después de ella Dvorak ya no compuso ninguna sinfonía más, contribuyendo así a agrandar la leyenda de las «novenas malditas». Según esta leyenda, los compositores clásicos mueren después de componer la «novena» o, dicho de otro modo igualmente trágico, nunca llegan a tiempo de escribir la *Décima*. Beethoven murió cuando empezaba a plantearse la composición de una *Décima*, Schubert murió tras la *Novena*, y la lista de compositores que «solamente» escribieron nueve sinfonías es larga: Bruckner, Dvorak, Mahler, Vaughan Williams, Glazunov, Atterberg... También es cierto que algunos autores poco supersticiosos han superado con creces el número: Shostakovich llegó a 15, Alan Hovhaness a 67 y Leif Segerstam ya ha superado las 300 y sigue en activo.

Poco después de su retorno a Praga, Dvorak lo tenía todo a punto para el estreno del *Concierto para violonchelo* pero el solista que tenía que estrenarlo quiso añadir una cadencia al final, una parte de «solo» para poder lucirse. Dvorak no lo aceptó y el estreno se anuló. Finalmente, en marzo de 1896, se pudo llevar a cabo el estreno (con otro solista) y el éxito fue inmediato. El primer solista díscolo, el que quería meter baza en la partitura y que se quedó sin poder protagonizar el estreno, asumió que tenía que interpretar solamente lo que Dvorak había escrito y empezó a tocar la obra por todo el mundo, lo que contribuyó a que pronto se convirtiera en uno de los conciertos para violonchelo más populares del repertorio de todos los tiempos.

Durante varios años Dvorak había tocado la viola en la Orquesta del Teatro Provisional de Praga. Este teatro estuvo en funcionamiento unos veinte años mientras se construía el Teatro Estatal y en él se estrenó la ópera más emblemática del llamado «nacionalismo checo»: *La novia vendida* (1866) de Bedrich Smetana. Dvorak formaba parte de la orquesta y quedó impresionado con la temática y las ideas musicales que conectaban directamente con la tradición musical checa. Años después, Smetana perdió el oído (un caso similar al de Beethoven) y empezó la composición de su obra más emblemática: el conjunto de poemas sinfónicos titulado *Mi patria*. Se trata de una obra muy querida en Praga ya que describe musicalmente todo el país: desde las leyendas tradicionales a los grandes monumentos históricos o el fluir del río que atraviesa la capital. Desde 1952, cada 12 de mayo (aniversario de la muerte de Smetana) se inicia el Festival Internacional de Música Primavera de Praga con la interpretación de esta obra.

Fotograma de la película *Amadeus* en el interior del Teatro Estatal.

La Casa de los Tres Leones Dorados y el éxito de Mozart

En 1786 Mozart vivía en Viena, a 300 Km de Praga o lo que es lo mismo: a una semana de viaje en cualquier carromato de la época. El emperador le había encargado una ópera y ya tenía a punto *Las bodas de Fígaro*. El caso es que, a pesar de los aplausos iniciales, la ópera se representó solamente en ocho ocasiones: fue sustituida por otra que tenía más éxito, *Una cosa rara* del valenciano Vicenç Martí Soler. Pero uno de los asistentes al estreno de *Las bodas de Fígaro* era el empresario del Teatro Estatal de Praga, Pasquale Bondini, que no dudó ni un instante en contratar a la compañía operística para que fuera a la capital bohemia a representar *Las bodas*. En diciembre se estrenó en Praga y en enero Mozart fue invitado a contemplar con sus propios ojos el triunfo. Acudió a Praga con su esposa Constanze y no podían creer la «mozartmanía» que allí se vivía: tuvo un recibimiento popular masivo y, en el teatro, la gente aplaudía a rabiar cada número de la ópera. Otra de las muestras de cariño del público de Praga fue la celebración de un concierto en su honor, en el cual se estrenó la sinfonía que Mozart acababa de componer y que dedicó a sus anfitriones: la *Sinfonía Praga*.

Los celos de la capital del imperio no se hicieron esperar y, en agosto, *Las bodas de Fígaro* se reestrenó en Viena donde, esta vez sí, cosechó grandes triunfos. Pero Mozart ya había conseguido un encargo del empresario Bondini: la siguiente temporada operística de Praga se inauguraría con una ópera de Mozart. Ni más ni menos que con *Don Giovanni*, una de las mejores óperas de todos los tiempos. Se estrenó el 29 de octubre de 1787 con un éxito sin precedentes. Según decía un periódico: «En Praga nunca antes se ha vivido nada parecido». En recuerdo de ese día memorable, al lado del Teatro Estatal se halla la «Estatua del Comendador», una inquietante figura encapuchada que representa el personaje fantasmagórico que aparece en la ópera de Mozart. Este teatro ha sido testigo de otros eventos históricos, como el estreno de una comedia musical en 1834 en el trascurso de la cual se cantaba una canción titulada *¿Dónde está mi casa?* que actualmente es el himno nacional checo; o la grabación en 1984 de diversas escenas de la película *Amadeus* de Milos Forman sobre la vida y milagros de Mozart.

Estatua del Comendador.

En aquella época la orquesta de la ópera era la misma que tocaba en los conciertos sinfónicos, una actividad que se multiplicó a finales del siglo XIX y que acabó con la creación de dos orquestas. La Orquesta Filarmónica Checa hizo su primer concierto con ese nombre en 1896, dirigida por Antonin Dvorak y asumió su independencia total de la de la ópera en 1901. En 1908 estrenó la *Sinfonía nº 7* de Gustav Mahler y en 1929 publicó su primer disco con la grabación de *Mi patria* de Smetana. Actualmente la Filarmónica Checa tiene su sede en el Teatro Rudolfinum, un edificio inaugurado en 1885.

Porcheria tedesca!

Cuando le preguntaron a la emperatriz María Luisa de Borbón (hija del rey español Carlos III) qué le había parecido *La clemenza di Tito* (a sabiendas de que ella era amante de la música italiana), dijo: «Va! Porcheria tedesca». Pues vaya. Sin que una cosa tenga que ver con la otra, los tres insignes personajes murieron poco después: Mozart aguantó tres meses, el emperador seis y la emperatriz, ocho.

Durante su estancia en Praga, Mozart se alojó en la Casa de los Tres Leones Dorados, que hoy día puede visitarse en el centro de la ciudad, en la plaza del mercado del carbón. Según dicen, pasó aquí varias semanas

componiendo *Don Giovanni*, ensayando con los cantantes y chillando de ventana a ventana para comunicarse con el libretista Lorenzo Da Ponte que vivía al otro lado de la calle. No sería esta la última vez que Mozart visitaría Praga: unos años después, en el mismo Teatro Estatal estrenaría su última ópera *La clemenza di Tito*, escrita en ocasión de la coronación del emperador Leopoldo II como Rey de Bohemia.

El Palacio Lobkowicz y el triple concierto

En el centro de Praga está el castillo más grande del mundo. Aunque se le conoce con el sencillo nombre de «Castillo de Praga», se trata de un conjunto monumental que incluye una catedral, un convento, una basílica, dos iglesias, cuatro palacios, un par de museos de arte, residencias nobles, diversos salones y media docena de jardines. Cómo no, allí se celebran conciertos en diversos momentos del año. Uno de sus edificios más emblemáticos es la Torre Daliborka, antigua prisión que debe su nombre al prisionero más insigne de cuantos allí fueron a parar. Cuenta la leyenda que el joven Dálibor fue encarcelado injustamente y durante su cautiverio aprendió a tocar el violín. Las melodías que tocaba eran tan tristes e intensas que los habitantes de la ciudad se acercaban a la torre para dar aliento al recluso. Los nobles que lo habían encarcelado, al ver que el clamor popular subía de tono y que el joven recibía el apoyo del pueblo no esperaron la sentencia y lo mataron en la misma celda. Amén. Smetana compuso una ópera sobre el tema: *Dálibor* estrenada en 1868.

Uno de los palacios del castillo es el Palacio Lobkowicz, ancestral familia de príncipes bohemios que lo compró en 1753, y en el que celebraron conciertos diversos autores de renombre como Beethoven o Weber. A principios del siglo XX el estado checo compró el palacio y desde entonces ha sido la sede de diversas instituciones, incluidos el consulado de China o el de Alemania. El más musical de los miembros de la familia fue Joseph Frantisek Maximilian, séptimo príncipe Lobkowicz, destacado cantante, violinista y violonchelista. Practicó el mecenazgo musical con autores como Franz Joseph Haydn o Ludwig van Beethoven. Fundó la Sociedad de Amigos de la Música de Viena y fue miembro de la Sociedad para la Promoción de la Cultura Musical

El Palacio Lobkowicz.

en Bohemia. Pero si ha pasado a la historia es porque Beethoven le dedicó la *Tercera sinfonía*, la *Quinta sinfonía*, la *Sexta sinfonía*, un par de cuartetos de cuerda y el *Triple concierto*. Ahí es nada.

Lobkowicz residía principalmente en Viena, donde tenía una orquesta privada y decidió otorgar a Beethoven una pensión anual para que no se preocupara de nada más que de componer. El aprecio que se tenían ambos personajes es indiscutible. El príncipe murió en 1816, pero Beethoven siguió cobrando su pensión hasta 1827. El hecho de que Beethoven le dedicara tres de sus nueve sinfonías es un detalle que habla por sí solo. Además, le dedicó una obra absolutamente única, el *Triple concierto para violín, violonchelo y piano*, una obra muy inusual en la que aparecen tres instrumentos solistas, uno de los cuales es el violonchelo,

una cosa muy rara en aquella época. El tercer movimiento de la obra es un precioso «Rondó a la polaca», un guiño directo a su mecenas por sus orígenes polacos.

El *Triple concierto* ha acabado siendo una de las obras más populares de Beethoven. Su extraña formación con tres solistas y una orquesta acompañando lo emparenta con los conciertos múltiples de épocas anteriores, pero su aire es mucho más moderno y, aunque siempre se ha dicho que lo compuso para que fuera interpretado por músicos aficionados, la dificultad de sus partes solistas es notable. Especialmente la del violonchelo, que por aquella época todavía no era considerado un instrumento solista al nivel del violín o el piano. También es interesante el dato de que, a lo largo de su carrera, Beethoven llegó a componer once obras distintas para el trío formado por estos instrumentos, un conjunto habitual en las casas particulares cultas y pudientes de la centroeuropa del momento. El estreno de la obra se celebró en 1808 con el Archiduque Rodolfo al piano —era alumno de Beethoven— y su composición se sitúa justo después de la *Sinfonía Heroica*.

¡Ah! ¡Pérfido!

Las obras para mandolina no han pasado a la historia, pero un aria que compuso Beethoven en esa misma época, dedicada a la condesa, sí que forma parte del repertorio habitual: se trata del aria de concierto «*Ah! Perfido*».

Beethoven realizó dos estancias en Praga durante su juventud, en 1796 y en 1798, cuando aún no se había convertido en el pianista y compositor que conquistaría Europa. En ambas ocasiones fue como protegido del príncipe Lichnowsky, que también había sido mecenas de Mozart, y se alojó en una casa cercana al Castillo, en la calle Lazenska nº 11 (una placa lo recuerda). Fue invitado a tocar el clave en el palacio del conde Clam-Gallas y allí conoció a la esposa de su anfitrión, la condesa Josefina de Clary-Aldrigen, que era intérprete de mandolina. Para ella compuso cuatro obras para mandolina y clave que nunca se publicaron y se encontraron años después en los archivos de su marido. Lo de la mandolina en Praga no era ninguna bagatela: años antes, cuando Mozart estrenó la ópera *Don Giovanni* en el Teatro Estatal, incluyó un aria con acompañamiento de mandolina que fue interpretada por el profesor de la condesa, Johann Baptist Kucharz.

Y para acabar de documentar la relación beethoveniana de Praga baste mencionar que su *Concierto para piano y orquesta nº1* fue estrenado aquí, con el mismo Beethoven al piano, en 1798, obra dedicada a una alumna suya de alta alcurnia: la princesa Anne Louise Barbara Odescalchi con la que no tuvo la más mínima oportunidad de flirtear, aunque parece que esta era su voluntad. Demasiados escalones sociales les separaban. 𝄞

Moscú

Moscú es una ciudad imperial y, como tal, muy musical. Fue la capital de Rusia hasta 1712 cuando Pedro el Grande decidió trasladarla a San Petersburgo. Lenin la devolvió a Moscú en 1918 y por ello no es extraño que en Rusia haya dos capitales musicales.
Nuestro paseo nos llevará a descubrir los éxitos que tuvieron allí un guitarrista español y su mujer (o su amante, que no está muy claro si llegaron a casarse o no), coronados como ídolos en el Teatro Bolshoi: él como compositor y ella como principal bailarina y coreógrafa. También escucharemos música en el Kremlin, en la Catedral de Cristo Salvador (con el riesgo de que nos metan en la cárcel) y nos deleitaremos con las obras de Chaikovski: ballets, sinfonías y oberturas. Entraremos fugazmente en el Conservatorio de Moscú, por donde han pasado algunos de los mejores músicos de la historia, y descubriremos a los ganadores del Concurso Chaikovski.
Nos detendremos a escuchar música en la enorme Plaza Roja y disfrutaremos del repique de los cientos de campanas que cuelgan de los campanarios de las numerosas catedrales de Moscú. En la Plaza Roja hay dos catedrales, dentro del Kremlin hay tres y diseminadas por la ciudad hay cuatro más. En 2020, en una localidad a 20Km del centro de Moscú, se inauguró una nueva, la Catedral Principal de Las Fuerzas Armadas Rusas, que cuenta en su campanario con 18 campanas.

El Bolshoi.

El Bolshoi, templo del ballet

«Bolshoi» significa «grande». Y el Teatro Bolshoi de Moscú, lo es: se considera el teatro más grande de Europa, con más de 2.000 localidades, en ajustada competición con La Scala de Milán. En la época de los zares, en los grandes teatros imperiales *(bolshoi)* se hacía ópera y en los pequeños *(maly)* se representaba el teatro hablado. El Bolshoi de Moscú fue construido en 1825 sobre las cenizas del anterior teatro que sucumbió a un incendio. El día de la inauguración la obra representada fue un ballet basado en el cuento de *La Cenicienta* con música del compositor catalán Ferran Sor. ¿No tenían un compositor ruso a mano para tal evento? Seguro que sí, pero una serie de circunstancias hicieron que la obra elegida fuera *Cendrillon*.

Ferran Sor nació en Barcelona en 1778 y a los 12 años, tras quedar huérfano de padre, ingresó en el Monasterio de Monserrat donde estudió música. Allí le enseñaron canto, violín y piano, pero a él le gustaba la guitarra, a pesar de que a los monjes ese instrumento no les hiciera ni fu ni fa. A los 17 abandonó Montserrat y se integró en el ejército. Tras una breve carrera militar se dedicó plenamente a la música, especialmente a la guitarra, y estrenó su primera ópera en el Teatro de la Santa Cruz de Barcelona. En

1808 estalló en España la guerra contra la ocupación francesa, pero después de una etapa en la que llegó a componer canciones patrióticas, finalmente aceptó un cargo en la administración del nuevo rey José Bonaparte. Cuando los franceses fueron expulsados de España en 1813, Sor huyó por miedo a las represalias contra los «afrancesados». Se instaló primero en París y después en Londres. Fue en la capital británica donde triunfó como compositor de ballets, profesor de canto y concertista de guitarra. Llegó a ser apodado «el Beethoven de la guitarra».

Poco después del estreno de su ballet *Cendrillon* (1822) en el King's Theatre de Londres, viajó a París donde su amada Félicité Hullin, hija del maestro de baile y coreógrafo del King's Theatre, iba a ser contratada como bailarina. Él tenía 45 años y ella 20. El caso es que en París también se representó *Cendrillon*, pero Félicité no consiguió el trabajo que pretendía, así que cambiaron sus planes y viajaron a Moscú persiguiendo una nueva oferta laboral para ella: la de bailarina en el Ballet de Moscú. Esta vez sí: ella consiguió la plaza y él conquistó los círculos musicales de Moscú con sus conciertos como guitarrista y sus composiciones. El zar Alejandro I recibió a la pareja de moda y propuso *Cendrillon*, que ya había triunfado en Londres y en París, como primer ballet para inaugurar el Bolshoi en enero de 1825. Sor estrenó otros ballets en el Bolshoi, pero tras la muerte del zar y de la zarina Isabel (producidas ambas durante el año siguiente) Sor perdió el favor de la corte, se separó de Félicité y volvió a París donde trabajó hasta su muerte a los 61 años, en 1839. Ella, por su parte, triunfó en Moscú: fue primera bailarina en el Bolshoi y se convirtió en la primera mujer coreógrafa de Rusia.

A pesar del estreno español con regusto francés, el Bolshoi fue el templo de la música rusa. Allí triunfaron las óperas de Glinka, rusas hasta la médula. En aquella época, la capital imperial era San Petersburgo, razón por la que los estrenos de Glinka se producían allí, pero pronto tenían su reestreno en Moscú: *Una vida por el zar* subió al Bolshoi en 1842 y *Ruslán y Liudmila* en 1846, obras que traspasaron fronteras y que pronto se interpretaron por todo el mundo. Chaikovsky también estrenó su primera ópera en el Bolshoi, *El voivoda* (1869). Pero contento, contento, no quedó. Poco después de las representaciones, destruyó la partitura aunque gracias a las partes de orquesta y otros apuntes, se pudo hacer una reconstrucción aceptable.

Quizás el fracaso más notable de Chaikovsky en el Bolshoi fue el estreno del ballet *El lago de los cisnes* en 1877. Por aquella época, el ballet ya estaba consolidado como uno de los mayores espectáculos de la Rusia zarista. Los

El Ballet de Moscú.

grandes teatros acostumbraban a invitar a los principales bailarines y bailarinas de Europa y a menudo les ofrecían quedarse en el país como profesores de baile o directores de danza de los teatros imperiales, como fue el caso de Félicité Hullin o el del principal coreógrafo de Rusia del siglo XIX, Marius Petipa.

En 1875 Chaikovsky recibió el encargo de componer la música para un gran ballet en cuatro actos, con argumento firmado por el director del Bolshoi, Vladimir Begitchev y el maestro de ballet del teatro, Vasily

«Marius Petipa»

Petipa llegó como bailarín a Rusia en 1839 y vivió allí hasta su muerte en 1910. Coreografió más de 50 ballets originales y creó danzas para más de 30 óperas. Murió a los 92 años dejando tras de sí una fama de déspota absoluto. Petipa pertenecía a una familia de bailarines: su padre ya había sido profesor de la Escuela Imperial de Danza y su hermana, bailarina principal de la Ópera de París. Rusia necesitaba hombres como él: inflexibles y que elevaran el nivel de danza del país a cualquier precio.

Geltzer, dos pesos pesados del mundo del ballet ruso de la época (Geltzer tuvo una hija, Catherine, que llegó a ser primera bailarina en el Bolshoi). Chaikovsky empezó a trabajar y desde el primer momento tuvo claro que la música sería un elemento muy importante en aquella producción: instrumentó para gran orquesta y su concepto fue totalmente sinfónico. El estreno se produjo el 4 de marzo de 1877 y recibió críticas por todos lados: los periódicos criticaron la coreografía firmada por el bailarín checo Julius Reisinger, la puesta en escena e incluso la «mediocridad» del vestuario. La primera bailarina, Paulina Karpakova, también fue criticada porque obligó a que, entre los números de Chaikovsky, se interpretaran fragmentos musicales de otros autores. Chaikovsky quedó muy decepcionado. Esta vez, no le dejaron acercarse a la partitura y no pudo romperla. Mejor, ya que el ballet no llegó a ser un fracaso absoluto sino que incluso llegó a superar las 30 representaciones en seis temporadas. Pero Chaikovsky nunca más quiso saber nada de *El lago de los cisnes*. Para él. Aquel ballet ya estaba muerto. Pero tras su muerte, el Teatro Mariynsky de San Petersburgo organizó un homenaje al compositor en el que se incluyó el segundo acto del ballet con coreografía de Lec Ivanov, el asistente de Marius Petipa. El éxito fue tan espectacular que el ballet revivió. Petipa estuvo atento y rápidamente le robó la idea a Ivanov. Coreografió de cabo a rabo todo el ballet y el re-estreno en 1895 —con la nueva coreografia de Petipa-Ivanov (tuvo el detalle de incluir el nombre de su asistente en el programa)— fue un éxito que aún perdura hoy día.

El Kremlin y los cañones de Chaikovsky

«Kremlin» significa ciudadela y se refiere a la parte fortificada de una ciudad que suele proteger la catedral, el palacio del rey o del noble de turno y algunos edificios relevantes. En el caso de Moscú, la muralla que envuelve la zona del Kremlin tiene dos kilómetros y medio de longitud y en su interior hay tres catedrales, dos iglesias, varios museos, un campanario espectacular, un palacio de congresos, la residencia del presidente de Rusia, el Senado y la escuela militar. Desde 1992 el Palacio de Congresos se llama Palacio Estatal del Kremlin y tiene una gran sala con capacidad para 6.000 personas donde a menudo se celebran conciertos, representaciones de ópera y de ballet.

La Plaza Roja.

La famosa Plaza Roja de Moscú está justo delante del Kremlin y en su gran explanada (tiene más de 20.000 metros cuadrados) también se celebran conciertos y espectáculos multitudinarios. Una de las obras que se suele interpretar aquí es la espectacular *Obertura 1812* de Chaivosky con orquesta sinfónica acompañada de fuegos artificiales, salvas de artillería y campanas repicando al viento. El motivo para tamaño despliegue de recursos es indiferente: tanto lo hacen para conmemorar el final de la Segunda Guerra Mundial, como para inaugurar algún festival, como en fechas señaladas de aniversarios bélicos.

En 1882 se estrenó dicha obra para conmemorar el 70 aniversario de la victoria rusa frente a las tropas de Napoleón. Dada la solemnidad del acto, se decidió que en los momentos más épicos de la obra se incluirían cañonazos y también se harían sonar las campanas de la Catedral de Cristo Salvador, cuya primera piedra se puso precisamente en 1812. Conste que se quería hacer coincidir el estreno musical con la inauguración de la catedral, pero 70 años después las obras todavía no estaban acabadas. Acabarían, por fin, al año siguiente.

La obra musical empieza con la melodía de una canción ortodoxa y después se incorpora el tambor militar que ya anuncia que la batalla está a

Piotr Ilich Chaikovsky.

punto de empezar. Cuando el ejército de Napoleón inicia la invasión, aparecen citaciones del himno francés *(La marsellesa)*. La victoria de los franceses parece inevitable, pero de repente suena una melodía tradicional rusa, una especie de barcarola, seguida de otra que invita al pueblo ruso a unirse a la lucha. La batalla se recrudece y aquí reaparece *La marsellesa* pero esta vez acompañada de cañonazos. El pueblo ruso avanza y finalmente triunfa bajo la melodía del himno *Dios salve al Zar*, acompañada de campanas y la orquesta al completo. Un detalle anacrónico que no importó ni a Chaikovsky ni al público es el hecho de que en 1812 ni *La marsellesa* ni *Dios salve al Zar* eran himnos oficiales. Pero a nadie se le ocurrió criticar ese error histórico.

Es muy común escuchar esta obertura en los espectáculos de fuegos artificiales y también suena en la película *V de vendetta* mientras sucumbe bajo las bombas el parlamento británico. Curiosamente, cincuenta años después del estreno, la Catedral de Cristo Salvador también sucumbió a la pólvora: en 1931 Stalin ordenó su demolición completa por ser un símbolo de la «antigua» Rusia de los zares. Una vez recogidos los escombros (un

Líbranos de Putin

Ante el altar de esta catedral se produjo un hecho musical que traspasó fronteras: el 21 de febrero de 2012 el grupo de punk-feminista Pussy Riot interpretó allí una canción irreverente y crítica con el presidente titulada «Virgen María, líbranos de Putin». El resultado fue el encarcelamiento de tres de las integrantes del grupo y un debate a nivel internacional sobre los límites de la libertad de expresión. Cuando se celebró el juicio, la pena fue de dos años de prisión por vandalismo y ofensa a los sentimientos religiosos. Después de 22 meses en prisión fueron amnistiadas, pero elevaron una denuncia al Tribunal de Derechos Humanos de Estrasburgo que, cinco años después, les dio la razón y condenó al estado ruso a indemnizarlas con 40.000 euros por trato degradante. Aunque el episodio no tiene nada que ver con la música clásica, sí que demuestra que la música a veces es una actividad de alto riesgo. La resolución definitiva del caso sigue en los tribunales y va para largo.

año tardaron en limpiar el solar) en su lugar se proyectó un rascacielos de 400 metros de altura, pero por falta de fondos no se llegó a construir (en el edificio se preveía incorporar un auditorio con capacidad para 20.000 espectadores). Finalmente, en 1958 se construyó allí la piscina más grande del mundo, con 129 metros de diámetro y con agua caliente. Pero en 1994 hubo nuevos planes urbanísticos para la zona: se decidió que se volvería a erigir la Catedral de Cristo Salvador tal como era originalmente. Y ahí está de nuevo, con su fachada de mármol blanco, sus cinco cúpulas doradas y su capacidad para 10.000 personas. Se consagró en el año 2000 y es la catedral más importante de la iglesia ortodoxa, sede del Patriarca Ortodoxo de todas las Rusias.

El conservatorio y cientos de cartas

El Conservatorio de Moscú es uno de los centros musicales más importantes del mundo. En él se han formado músicos de la talla de Rakmáninov, Sckriabin, Rostropovich, Kabalevski, Richter, Sokolov o Pogorelich. Fue fundado en 1866 por Nikolai Rubinstein, hermano del famoso pianista Anton Rubinstein que en 1862 había fundado el Conservatorio de San Petersburgo. Uno de los primeros profesores que impartió clases en el Conservatorio de Moscú fue Chaikovsky y por ello, desde 1940, el Conservatorio lleva su nombre. Cada cuatro años se celebra aquí el famoso y prestigioso Concurso Chaikovsky que otorga 30.000 € al ganador. Empezó premiando al mejor violinista y al mejor pianista menores de 32 años, pero en ediciones posteriores se incluyeron las categorías de violonchelo, de voz y de instrumentos de viento. Han sido premiados en este concurso solistas de la talla de Grigori Sokolov, Natalia Gutman, Gidon Kremer, Viktoria Mullova o David Geringas.

Un día, el director de la institución habló con Chaikovsky y le recomendó que se casara: las habladurías entre alumnos, profesores y la sociedad moscovita insistían en su posible homosexualidad y, para el prestigio del Conservatorio, un escándalo así no se podía asumir. Así que, boda a la vista. Y rápido, por favor. Chaikovsky eligió a una alumna suya, Antonina Miliukova, y el desastre fue inmediato. Se casaron en julio de 1877 y no vivieron juntos ni dos meses. Chaikovsky —tras un intento de suicidio— huyó a Suiza para recuperarse de la crisis emocional. Aun así, no paró de componer. Justo en esa época acabó dos de sus grandes obras: la *Sinfonía nº 4* y la ópera *Eugene Oneguin* que se estrenó, precisamente, en el Conservatorio de Moscú en 1879.

Por aquel entonces, Chaikovsky había empezado una relación epistolar con Nadeshda von Meck, una rica melómana, viuda de un magnate del ferrocarril, que se convirtió en su mecenas principal durante más de doce años. La correspondencia entre ambos supera las 1.200 cartas, no se conocieron nunca personalmente y el compositor le dedicó un buen número de obras. El estudio de dichas cartas nos revela mucha información sobre la música de Chaikovsky y sobre su forma de trabajar, ya que con su mecenas, él era completamente sincero y el grado de confianza que se creó entre ambos fue total. Gracias a la pensión mensual que la viuda decidió asignarle, Chaikovsky dejó las clases en el Conservatorio de Moscú y se dedicó plenamente a la composición y a la dirección orquestal.

Chaikovsky y su mecenas

La relación entre Chaikovsky y su rica mecenas acabó de golpe. No se sabe cuál fue el motivo, pero todo apunta a que la señora Von Meck recibió presiones de su elevado círculo social para dejar de apoyar a un hombre de quien se decía, no sé, quien sabe, que era homosexual.

Chaikovsky, que para entonces ya disfrutaba de una carrera musical brillante, siguió componiendo hasta que escribió la *Sinfonía nº 6*. Según él mismo, se trataba de su obra más importante. Parece como si en ella nos explicara musicalmente su vida. La subtituló «Patética», con intención de mostrar que era una obra absolutamente «emocional». Al estreno, el 28 de octubre de 1893, acudieron personalidades como el compositor Rimsky-Korsakov, y también un niño de diez años llamado Igor Stravinsky. Pero la interpretación fue un fracaso. Parece ser que la orquesta no había preparado con suficiente dedicación la obra, que la dirección no estuvo a la altura y que el público mostró división de opiniones. Según el autor: «Me parece natural que esta sinfonía haya topado con insultos y escasa valoración al principio. Yo, no hace falta decirlo, la considero como la mejor que he escrito y, sobre todo, la más sincera de mis obras. La amo como nunca he amado a ninguna de mis hijas anteriores».

Nueve días después, Chaikovsky moría en su casa de San Petersburgo. ¿Las causas de la muerte? Pues todavía son un misterio. Inicialmente se habló de que había muerto a causa de la plaga de cólera que azotaba la ciudad, aunque es muy raro que bebiera agua en mal estado por descuido. ¿Lo hizo a sabiendas de que se contagiaría? La inestabilidad emocional de

Chaikovski fue una constante a lo largo de su vida y es muy posible que decidiera poner fin a su vida en ese momento, como ya había intentado en otra ocasión años atrás. Pero después de su muerte corrió un rumor al que algunos historiadores dan credibilidad: Chaikovski se suicidó porque recibió una carta en la que se le «invitaba» a desaparecer si no quería «ser desaparecido». O sea: que se constituyó un Tribunal de Honor formado por sus antiguos compañeros de la Escuela Imperial de Jurisprudencia que dictaminó que la homosexualidad de Chaikovski estaba produciendo demasiados escándalos y que había que acabar con aquello. Hay quien dice que Chaikovski estaba presente en aquella reunión y, por el contrario, otras versiones aseguran que se enteró del «veredicto» por carta. El caso es que murió (o por cólera o por arsénico) y que la *Patética* triunfó incontestablemente, esta vez sí, en el concierto que se celebró dos semanas después de su entierro.

San Petersburgo

Como decíamos en el capítulo dedicado a Moscú, Rusia tiene dos capitales musicalmente muy importantes: Moscú y San Petersburgo. Moscú es la actual capital administrativa y ya lo había sido antes del siglo XVIII. Pero San Petersburgo ostentó la capitalidad de la Rusia de los zares durante más de 200 años, entre 1703 y 1918, y sigue siendo considerada la capital cultural.

Pedro el Grande fundó la ciudad a principios del siglo XVIII con la idea de que fuera una puerta abierta a Occidente dada su proximidad a Finlandia y, por extensión, a Europa. Al ser una ciudad llena de canales se la ha conocido con el nombre de «la Venecia del Norte» y actualmente cuenta con más de 300 puentes, sean levadizos, de peatones o de transporte. La ciudad ha cambiado de nombre en diversas ocasiones: en 1914 se la bautizó como Petrogrado, después como Leningrado y, en 1991 recuperó su nombre original. Es una de las doce ciudades rusas que recibió el título de Ciudad Heroica por su resistencia durante la Segunda Guerra Mundial (en su caso estuvo 29 meses bajo las bombas del ejército alemán). De lo que no hay duda es de que ostenta el primer puesto de todas las Rusias como capital musical.

Los lugares musicalmente relevantes de San Petersburgo son numerosos: el Teatro Mariinsky, el Museo Hermitage, las catedrales, la casa museo de Rimsky-Korsakov, el conservatorio, el cementerio… En San Petersburgo todo es grande, muy grande: las calles, los puentes, los edificios... Así que: ¡preparados para la gran caminata!

El Teatro Mariinsky es sede de una compañía estable de ballet.

El Teatro Mariinsky y los ballets

Dicen que el teatro más importante de Rusia es el Mariinski. Se construyó en 1860 y ha sido testigo de algunos de los estrenos musicales de ópera, ballet y música sinfónica más importantes de la historia: Glinka, Moussorgsky, Glazunov, Chaikovsky, Rimsky-Korsakov, Prokofiev.... Tiene 1.625 asientos y desde 2013 cuenta con un edificio anexo, el Nuevo Mariinsky, con capacidad para 2.000 espectadores. Desde 1886 es la sede de una compañía de ópera, de una compañía de ballet y de una orquesta sinfónica. Las tres están consideradas entre las mejores del mundo y siguen en activo.

El Mariinski también destacó (y destaca) como teatro de ópera. Chaikovsky estrenó en 1876 su cuarta ópera titulada *Vakula el herrero* y, aunque se representó en 18 ocasiones en diferentes temporadas, él no quedó satisfecho y la sometió a revisión. Después de los cambios, la tituló de nuevo y la llamó *Zapatillas*. La reestrenó en Moscú en 1885 y el éxito fue el mismo: escaso. Con otras óperas que estrenó en el Mariinski tampoco tuvo mucha suerte, como *La doncella de Orleans* (1881) o *La hechicera* (1887), hasta que en 1890 estrenó la que a la postre sería una de las grandes óperas rusas de todos los tiempos: *La dama de picas*. Un par de semanas después se representó en Kiev y un año después en el Bolshoi de Moscú. El éxito fue inmediato y hoy en día sigue siendo la segunda ópera rusa más representada, detrás de otra de Chaikovsky: *Eugene Oneguin*. Gustav Mahler la dirigió por primera vez en Viena en 1902 y también la programó en el Met de Nueva York en 1910.

Pero el gran logro del Mariinsky siempre ha sido el ballet. Su compañía de ballet ha marcado la pauta de la danza a nivel mundial desde mediados del siglo XIX, con las coreografías de Marius Petipa y después con las de Michel Fokine, los dos auténticos monstruos del ballet ruso (dicen que el primero de ellos sí que era un auténtico monstruo por sus métodos autoritarios e incluso violentos). Entre los más de 60 ballets que coreografió Petipa se encuentran los tres de Chaikovsky: *La bella durmiente*, *El cascanueces* y la reposición de *El lago de los cisnes*. Fokine, por su parte, firmó diversas coreografías con música de Stravinsky, Chopin, o Rimsky-Korsakov.

En el capítulo de Moscú dedicado al Bolshoi ya hemos contado la historia del fracaso de *El lago de los cisnes* en 1877 y el posterior éxito en San Petersburgo después de la muerte del autor. El segundo de sus ballets tampoco puede decirse que le diera muchas alegrías: *La bella durmiente* se estrenó en el Mariinski en 1890 y, al acabar la representación, el zar en persona hizo llamar al autor de la música ante su presencia en el palco imperial. Cuando lo tuvo delante le dijo: «Muy bonito». Y nada más. Chaikovsky, enojado, saludó educadamente y salió del teatro mientras se acordaba uno a uno de los antepasados del zar. La verdad es que la acogida del ballet fue buena, pero nada que ver con el éxito que conseguiría años después a nivel internacional. Su tercer ballet fue *El cascanueces* y una vez más se repitió la historia: el éxito se hizo rogar. Se estrenó en el Mariinski en 1892 y a pesar de que los cambios de guion no agradaron al compositor (él prefería más la parte humana del cuento, mientras que en la versión final se destacaba más la parte fantástica y superficial), la música que compuso no

Anna Netrebko.

La versión moderna de La Cenicienta

He aquí una historia de hadas ocurrida en el teatro Mariinski. Dicen que quizás es cierto que un buen día el director artístico del teatro, Valery Gergiev, iba hacia su despacho cuando oyó cantar a una chica del servicio de limpieza que en aquel momento pasaba el mocho por las escaleras de acceso a las oficinas. «¿Cómo te llamas?», le preguntó el director. «Ana», respondió la joven. «¿Cuántos años tienes?». «Dieciséis». «Pues cantas muy bien y tienes una voz muy bonita». «Pues ya sabes: dame trabajo». La respuesta de ella seguro que no fue esa, pero sí que se presentó a una audición de canto en el propio teatro —en realidad ella estudiaba canto en el conservatorio y trabajaba a horas para pagarse los estudios— y, desde entonces, Gergiev se convirtió en su mentor. Esta versión moderna de la Cenicienta quizás no es del todo ajustada a la realidad ya que, según otras versiones, de mocho nada de nada. Ana trabajaba de conserje en el teatro. En cualquier caso, la chica destacó pronto en sus estudios de canto y actualmente Anna Netrebko es, sin ninguna duda, una de las mejores sopranos líricas del mundo.

denota desgana, sino todo lo contrario. Está llena de la ilusión y la magia propias de un cuento de Navidad. Al año siguiente Chaikovski murió y no pudo disfrutar del enorme éxito que unos años después tendrían los tres ballets en Europa y en el resto del mundo. Hoy día son, con diferencia, los más representados en los teatros de todo el planeta.

El Hermitage y los efectos de la onda sonora

Se considera que el Museo Hermitage de San Petersburgo es la pinacoteca más grande del mundo. La colección que alberga es absolutamente impresionante y está abierto al público desde 1852. En realidad, el complejo cultural Hermitage está formado por media docena de edificios entre los cuales está la antigua residencia de los zares, el museo y el teatro. En dicho teatro se representaban las funciones privadas de la familia real ya que fue uno de los caprichos de Catalina la Grande que mandó construirlo en 1782. Su capacidad no superaba las 250 localidades, pero no necesitaba más ya que únicamente asistían los invitados de los monarcas. No se abrió

Museo Hermitage de San Petersburgo.

al público hasta 1991, ya que después de la Revolución de 1917 se utilizó como oficina. Este teatro palatino vio desde el estreno de óperas de Domenico Cimarosa (protegido de Catalina) hasta ballets coreografiados por Petipa. Desde hace unos años acoge conciertos y recitales y en su escenario han actuados estrellas internacionales como el pianista Sviatoslav Richter o el violoncelista Mstislav Rostropovich. El mencionado Cimarosa no fue, ni mucho menos, el único italiano que vivió una temporada en San Petersburgo a expensas de la zarina. También están en la lista otros compositores de ópera como Manfredini, Galuppi, Traetta, Paisiello o Sarti.

Uno de los lugares más concurridos del complejo cultural Hermitage es la enorme Plaza del Palacio de San Petersburgo, justo en frente del edificio del Palacio de Invierno. En el centro de la plaza hay una impresionante columna de granito rojo dedicada al zar Alejandro que conmemora la victoria de los rusos sobre el ejército de Napoleón. Para su inauguración en 1834 se organizó una parada militar con 120.000 soldados y durante una hora se estuvieron disparando 250 cañonazos. En esta plaza a menudo se celebran conciertos multitudinarios y, aunque el sonido que producen no es comparable a los cañonazos, un estudio demuestra que la vibración que se produce en estos eventos afecta seriamente los cuadros que cuelgan de las paredes del museo Hermitage. Según dicho estudio, las ondas sonoras (que, no lo olvidemos, son energía física) atraviesan las paredes y hacen que los cuadros vibren y, por ello, se vayan deteriorando y se acelere su proceso de envejecimiento.

En 2007 los Rolling Stones ofrecieron un concierto en la plaza con el volumen sonoro habitual de sus directos, sobre los 110 decibelios. El impacto en el interior del museo, un lugar habitualmente silencioso, fue de 88 decibelios durante las casi dos horas del concierto. La presión sonora de esta magnitud en el Hermitage se produce unas ocho o diez veces al año, coincidiendo con los conciertos más ruidosos que se celebran allí. Siempre según ese estudio, diez horas de presión acústica sostenida a 80 decibelios corresponden a un envejecimiento de dos años del material sensible del museo. O sea, que los cuadros de la gran pinacoteca rusa se deterioran a una velocidad muy superior a los de otros museos. Conclusión: delante del Hermitage hay que hacer más conciertos de música clásica y menos de rock and roll o electrónica. Y menos cañonazos.

Un valenciano en la corte rusa

Uno de los que más triunfó en la corte rusa (el gran competidor de Cimarosa) fue el valenciano Vicent Martín y Soler que pasó los últimos años de su vida en San Petersburgo donde incluso compuso algunas óperas en ruso con libreto de la propia zarina. Unos años antes —como hemos comentado en el capítulo dedicado a Praga— Martín y Soler ya había triunfado en Viena, compitiendo ni más ni menos que con Mozart. El estreno de su ópera *Una cosa rara* tuvo un éxito descomunal y Mozart aceptó deportivamente que el «hit» de aquel año en Viena era obra del valenciano. Se lo reconoció incorporando unos compases de dicha ópera en su *Don Giovanni*: cuando el protagonista llega a su casa ordena a su orquesta de cámara que le amenicen la velada tocando, precisamente, un fragmento de música de Martín y Soler.

El casco de bombero y Shostakovich

En 1906 nació en San Petersburgo el que llegaría a ser uno de los compositores más importantes del siglo XX: Dmitri Shostakovich. Se le considera el último gran sinfonista (es autor de 15 sinfonías) y su vida es digna de una película dramática o, mejor, de una ópera. El régimen soviético bajo el mandato de Stalin le encumbró como compositor oficial, le llenó de medallas y honores y luego lo degradó, lo humilló y prohibió su música. Unos años después, ante el «arrepentimiento» público del autor, su música volvió a ser mostrada como modelo de la música del pueblo y las medallas volvieron a su solapa. ¡Qué difícil es la supervivencia bajo el yugo del totalitarismo!

Shostakovich estudió en el Conservatorio de San Petersburgo, fundado en 1862 por el pianista y compositor Anton Rubinstein. El edificio actual del conservatorio data de 1890 y se construyó donde había estado el gran Teatro Kámenny, antecesor del Mariinsky. De hecho, la gran escalera central aún es la original de aquel teatro. Desde 1944 el conservatorio se llama «Rimsky-Korsakov» y el propio Shostakovich fue profesor de esta institución.

En 1942, la «operación Barbaroja» lanzada por el ejército alemán ya hacía un año que estaba en marcha. El objetivo de la misma era la invasión y capitulación de Rusia, pero como es sabido, la cosa no les salió bien ya que el pueblo ruso se defendió. A un coste altísimo, pero se defendió. El primer día de la operación fueron abatidos casi 2.000 aviones rusos y parecía que el avance de las tropas alemanas sería un paseo, pero pronto chocaron con la resistencia de una población que, a pesar de las penurias que había vivido primero con los zares y después con la Revolución, no quería dejarse pisar por un ejército extranjero. La exaltación del patriotismo llevada a cabo por el régimen soviético dio su fruto y miles de voluntarios se fueron apuntando a los frentes de guerra mientras Hitler buscaba apoyos internacionales y conseguía de Franco la División Azul. La evacuación de San Petersbugo (entonces llamada Leningrado) empezó en julio de 1941, pero Shostakovich permaneció por su condición, según dijo él mismo, de «ciudadano-compositor». Inicialmente no fue aceptado por cuestiones médicas, pero finalmente fue destinado al cuerpo de bomberos. Empezó a escribir su *Sinfonía nº* 7 mientras asumía las tareas de bombero y de asistente musical en un teatro que montaba representaciones para militares y heridos. Finalmente, en octubre, fue evacuado y acabó la sinfonía que tituló «Leningrado». El estreno se celebró en Samara el 5 de marzo de 1942. El éxito fue apoteósico. Se microfilmó la partitura y se hizo llegar a Occidente cruzando las líneas alemanas vía Teherán, El Cairo y Casablanca. En junio se interpretó en Londres y Arturo Toscanini la dirigió en Nueva York coincidiendo con la portada del *Time* del «bombero» Shostakovich. En un año se hicieron más de cien interpretaciones por todo el país y la *Sinfonía Leningrado* se convirtió en un símbolo contra el nazismo.

Las autoridades soviéticas organizaron una interpretación en el corazón de Leningrado para el 9 de agosto. Lanzaron las partituras desde un avión, se buscaron todos los músicos e instrumentos disponibles, la mayoría pertenecientes a la Orquesta de la Radio y a las bandas militares. A los participantes se les dio una ración más de comida ya que muchos estaban en condiciones muy precarias, pero finalmente la interpretación se realizó. Se retransmitió por radio y también por los altavoces que se habían instalado en la ciudad, de cara al enemigo, para que todo el mundo oyera que en Leningrado se interpretaba música. Unas horas antes, los rusos lanzaron la «operación Borrasca»: un ataque sobre las baterías alemanas para conseguir silenciarlas durante el concierto. Hacia la mitad de la interpretación (la obra dura una hora y veinte minutos) las bombas nazis volvieron a caer sobre la ciudad, pero ninguna de ellas impactó en la Gran Sala de la Filarmónica de San Petersburgo. El asedio a la ciudad—uno de los grandes desastres de la historia de la humanidad del siglo XX— duró 900 días y causó más de un millón de muertos. En la escuela nº 235 de la ciudad (actualmente llamada Escuela Shostakovich) hay un pequeño museo dedicado a aquella interpretación de la *Séptima* en pleno sitio.

Shostakovich y un casco de bombero

En julio de 1942 la portada de la revista *Time*, editada en Estados Unidos, reprodujo el retrato de Shostakovich tocado con un casco de bombero. La imagen hacía referencia a la condición de voluntario en el cuerpo de bomberos que el compositor había asumido cuando se le invitó a ser evacuado de San Petersburgo ante el asedio de las tropas de Hitler. La imagen se convirtió rápidamente en un icono y Shostakovich (y su música) pasaron a ser reconocidos como un símbolo de la lucha contra Hitler.

Años después, en sus memorias, Shostakovich escribió que la obra está más inspirada en las purgas estalinistas (que él había vivido en primera persona) y no tanto en el sitio alemán, aunque la fuerza y el dramatismo de la sinfonía hacen pensar claramente en una experiencia bélica. Aquel año la misma revista *Time* eligió como personaje del año a Stalin como símbolo de la lucha anti-nazi. Pocos años después ya se vio que las bondades del dirigente ruso eran escasas y que la vida en Rusia bajo su mandato siguió siendo muy dura, incluso para un ciudadano-compositor que siempre vivió

con la maleta preparada al lado de la cama por si la policía política del régimen entraba en su casa buscándole para acusarle de escribir música antipopular.

La casa de Rimsky-Korsakov

Todo en Nikolai Rimsky-Korsakov suena a ruso. Su nombre suena a ruso, su apellido también y, sobre todo, su música suena rusa. Fue uno de los miembros del llamado Grupo de los Cinco, un conjunto de compositores que reivindicaban el sonido auténticamente ruso en la música clásica. Según ellos, las obras sinfónicas y las óperas que se escribían en Rusia tenían demasiada influencia de la cultura europea, había demasiados giros robados a Mozat, Beethoven, Chopin, Rossini o Berlioz. Había que acabar con aquella influencia extranjera y empezar a mirar el legado histórico y tradicional de la música rusa, tal como había hecho Mijail Glinka con sus óperas «nacionalistas». El grupo estuvo formado (en orden de edad) por Alexander Borodin, Cesar Cui, Mili Balakirev, Modest Moussorgsky y el más joven, Nikolay Rimsky-Korsakov. Pronunciar esos nombres y apellidos en voz alta en menos de cinco segundos es todo un reto.

Borodin nació en San Petersburgo, en el palacio de un príncipe georgiano de quien fue hijo ilegítimo. Su madre era una de las sirvientas de palacio y el chaval recibió una buena educación. Estudió medicina y pronto destacó en el campo de la química. Paralelamente, y ya de mayor, empezó a estudiar música. Su obra es escasa, pero profundamente rusa. Su partitura más famosa es la ópera *El príncipe Igor* que dejó inacabada tras un inesperado infarto que lo mató a los 53 años. Sus colegas del Grupo de Los Cinco acabaron la obra que se estrenó en el Teatro Mariinsky en 1890.

Cesar Cui es el menos conocido de los cinco y tampoco se dedicó plenamente a la música (aunque llegó a componer ni más ni menos que doce óperas). Era ingeniero militar y llegó a ser Teniente General de Ingenieros experto en fortificaciones y topografía. Durante muchos años ejerció como crítico musical en el Diario de San Petersburgo. De hecho, fue el ideólogo del Grupo de los Cinco y escribió docenas de artículos defendiendo la música rusa y atacando la música europea de autores como Richard Strauss.

Mili Balakirev fue profesor de los dos anteriores ya que este sí que se dedicó plenamente a la música, aunque hoy día solo es conocido por su obra para piano *Islamey*, considerada una de las partituras más difíciles de

Nicolai Rimsky-Korsakov.

interpretar de todos los tiempos, solo al alcance de los mejores virtuosos. Balakirev fue el líder del grupo, ya que todos tenían ocupaciones diversas y él era el único músico profesional. Fue director de la Capilla Imperial y murió en San Petersburgo a los 73 años.

El cuarto miembro del grupo fue Modest Mussorgsky, un auténtico innovador y estéticamente muy avanzado a su tiempo. Pero sus colegas del grupo metieron mano en todas sus obras por considerarlas llenas de «faltas de ortografía» y algunas de ellas nos han llegado tan manipuladas, revisadas y reorquestadas que no podemos saber cómo sonaban originalmente. El caso más notable es el del poema sinfónico *Una noche en el monte pelado*, que describe un aquelarre en una noche de San Juan, o la ópera *Boris Godunov*. Estudió en la academia militar, pero a partir de los 20 años decidió dedicarse a la música. Aun así, finalmente tuvo que aceptar una plaza como funcionario público para subsistir. Arrastró toda la vida problemas médicos, psiquiátricos y de alcoholismo. Murió a los 42 años en San Petersburgo.

Por fin llegamos al más joven del grupo, Nicolai Rimsky-Korsakov. Al principio su mentor fue Borodin, pero pronto abrió su radio de acción y fue por libre. Destacó especialmente por su dominio de la paleta tímbrica de la orquesta. Fue un gran innovador, sus obras están llenas de color y siempre nos sorprende con combinaciones de instrumentos novedosas. A los 27 años fue nombrado profesor de armonía, composición e instrumentación del Conservatorio de San Petersburgo puesto desde el que enseñó a docenas de grandes compositores (como Glazunov, Stravinsky o el italiano Ottorino Respighi que viajó miles de kilómetros para estudiar con él). A finales de ese mismo año contrajo matrimonio con Nadezhda Purgold, una compañera del conservatorio, pianista y compositora, que estuvo a su lado toda la vida y que influyó notablemente en la obra de su marido. Según parece, la formación musical clásica de ella era muy superior a la de él y sus comentarios y aportaciones sobre las obras que Rimsky-Korsakov escribía siempre fueron muy apreciados por el compositor.

Alexander Borodin.

Pero también Rimsky-Korsakov empezó su vida como militar. Era hijo de una familia de alto copete con gran tradición militar y su hermano Voin (que era 22 años mayor que él) era oficial de la armada rusa. Una de las aficiones del joven Nikolai era leer y releer una y otra vez las cartas que su hermano mandaba desde los lugares más remotos del mundo explicando las maravillas de los países más exóticos imaginables. A los 12 años ingresó como cadete en la Escuela Naval de San Petersburgo, aunque paralelamente siguió estudiando música. A los 18 se graduó como guarda-marina y empezó, como su hermano, a viajar alrededor del mundo como miembro de la armada: Francia, Inglaterra, Estados Unidos, Brasil, España, Italia... Ese primer viaje duró tres años al cabo de los cuales volvió a San Petersburgo con algunas partituras que había escrito durante la travesía. Balakirev le estrenó algunas de dichas obras y el nombre de Rimsky-Korsakov empezó a sonar como el compositor revelación de la época. Pudo compaginar sus trabajos como músico y como militar gracias a que le crearon un puesto especial para él: «Inspector de las Bandas Navales del Ejército Ruso».

Gracias a las aportaciones desinteresadas del mecenas Mitrofan Belayev, Rimsky-Korsakov inauguró la serie de Conciertos Sinfónicos Rusos en San Petersburgo y allí estrenó sus mejores obras, como *Scheherezade*, *Capricho español* o *La gran pascua rusa*. El mecenas, encantado con los conciertos que dirigía Rimsky-Korsakov, le encargó que seleccionara obras sinfónicas para ser interpretadas y publicadas, siempre que fueran «auténticamente rusas». Así, aparte de ser miembro del Grupo de los Cinco, Rimsky-Korsakov se convirtió en pieza indispensable del Círculo Belayev, junto a Aleksandr Glazunov y a Anatoli Liadov (dos nombres más para añadir al trabalenguas onomástico).

Impulsor de la música rusa

Durante años, Rimsky-Korsakov tuvo el «poder» de programar e impulsar la música rusa que era de su agrado y, naturalmente, de dejar de lado aquella que no le parecía suficientemente buena o suficientemente «rusa». Las disputas con Chaikovsky —que defendía un ideario creativo más libre y más internacionalista— fueron notables, pero acabaron siendo buenos amigos y colegas.

En 1905 Rimsky-Korsakov fue expulsado del conservatorio por haberse unido a los estudiantes en sus protestas (ya tenía más de 60 años). También su música fue prohibida y recibió muestras de solidaridad desde toda Rusia. La represión duró pocos meses, fue rehabilitado y pronto las aguas volvieron a su cauce. Cargado de honores, homenajes y condecoraciones, Rimsky-Korsakov murió en su residencia de verano, a unos 200 Km. de San Petersburgo, en 1908 dejando más de una docena de óperas, decenas de obras sinfónicas y varios libros de teoría musical. Está enterrado en el Cementerio Tijvin, en el centro de San Petersburgo, cerca de todos los grandes nombres de la música rusa que han ido apareciendo en las líneas anteriores.

A pesar de la cantidad de nombres musicales que hemos mencionado, actualmente solo hay un museo dedicado a uno de ellos: la casa museo de Rimsky-Korsakov. Está en el centro de la ciudad, en la Avenida Zagorodny, y en ella vivió el compositor los últimos 15 años de su vida. Se trata de un museo muy pequeño que recrea las habitaciones tal como eran en la época, incluido el sillón preferido del compositor, desde el que escribió algunas de sus óperas más famosas, como *El gallo de oro*, *La novia del Zar* o *Sadko*. Parece ser que en su casa cada miércoles había una velada musical que, a veces, acababa a altas horas de la madrugada. Recogiendo esa tradición, actualmente se siguen celebrando los «miércoles Korsakov» con diversos intérpretes y la participación del imponente piano de cola que tocaron en su momento el propio Rimsky-Korsakov y algunos de sus colegas como Skriabin, Rakmaninov o Stravinsky.

Nueva York

La «capital del mundo» se ha ganado este título sobre todo porque es una gran capital financiera. Y porque es cosmopolita. Y por los rascacielos. Y porque en ella viven casi nueve millones de personas. Y porque lo que ocurre en Nueva York rápidamente tiene una influencia muy grande en el resto del mundo: moda, arte, entretenimiento, arquitectura, política… Como capital musical no hay duda de que tiene un peso muy importante, especialmente en la música popular del siglo XX: del jazz al rock & roll (especialmente el estilo vocal Doo-Wop) y de la salsa al rap de la cultura hip-hop pasando por la música folk.

La música clásica no aterrizó en Nueva York hasta mediados del siglo XIX, pero lo hizo con fuerza y a golpe de talonario. Muchos de los grandes compositores e intérpretes europeos se desplazaron a Estados Unidos cegados por el dólar. Allí ofrecieron conciertos y recitales a pesar de que el viaje era largo y costoso (y también peligroso). Algunos de los que recibieron aplausos en Nueva York fueron Dvorak, Chaikovsky, Richard Strauss, Mahler, Rachmaninov, Puccini, Stravinsky, Prokofiev, Enric Granados o Schönberg.

Nuestro paseo musical nos llevará a la Metropolitan Opera House, al Aeolian Hall, al Carnegie Hall y veremos, aunque solo sea de refilón, el espectacular mundo de Broadway, que merece un libro aparte.

Gerswhin Theatre.

Gershwin cambia la historia en el Aeolian Hall

El teatro musical es el género que ha situado a Nueva York en el mapa de las ciudades sonoras. Empezó a desarrollarse a finales del siglo XIX, la llegada del jazz lo catapultó y la consolidación llegó con la apertura de docenas de teatros en la calle Broadway a su paso por Manhattan. Esta concentración de teatros musicales hizo del Distrito del Teatro el centro mundial del género, hasta el punto de que hoy día cuando hablamos de Broadway nos referimos únicamente a dicha zona teatral, cuando resulta que la calle en cuestión tiene más de 50 kilómetros de longitud, atraviesa la ciudad de norte a sur y sigue por municipios colindantes. Actualmente, en el Broadway teatral están en activo 40 teatros profesionales de más de 500 butacas y docenas de teatros más pequeños.

El primer gran éxito de un musical se remonta a 1891 cuando la obra A *Trip to Chinatown* superó las 650 representaciones. El récord se mantuvo hasta 1919: el musical *Irene* llegó a las 675. En esa época los teatros empezaron a anunciar sus títulos con carteles luminosos formados por cientos de bombillas blancas, de ahí que la zona fuera apodada «El gran camino blanco». A partir de los años veinte, el *boom* del teatro musical fue espectacular, aunque en 1927 llegó una feroz competencia con el cine sonoro. El teatro musical aguantó la dura competencia gracias al trabajo de autores como Cole Porter, Jerome Kern o George Gershwin. A finales de diciembre de 1927 Kern estrenó *Show Boat*, un título que ha sido considerado el «padre» de los musicales modernos ya que presentó por primera vez una perfecta integración de música, baile, texto, canciones y escenografía. Todos los musicales que vinieron después están en deuda con él.

En este contexto, George Gershwin ya había estrenado algunas obras en Broadway y empezaba a ser considerado un compositor de referencia. Tenía poco más de 20 años y ya se permitía seleccionar los encargos que recibía, casi siempre en compañía de su hermano Ira Gershwin que escribía las letras. A finales de 1923 recibió un encargo de Paul Whiteman, conocido como El Rey del Jazz, quien le pidió que escribiera una obra sinfónica para su orquesta. El estreno tenía que ser a primeros de febrero del año siguiente y con tan sólo dos meses de margen Gerswhin consideró que no tendría suficiente tiempo, así que declinó la oferta. Además, desde hacía unas semanas tenía un proyecto entre manos que era absolutamente prioritario: la composición de la partitura completa del musical *Lady Be Good* para los hermanos bailarines Adele Astaire y Fred Astaire. El estreno del musical estaba previsto para finales de 1924, así que tenía un año entero para completar el trabajo y no quería distraerse con obras «menores».

George y su hermano Ira trabajaban intensamente en un piso de Manhattan y una tarde de invierno de 1924, a principios de enero, aparcaron el trabajo durante un rato para ir a jugar al billar al Ambassador Billiard Parlor, uno de sus locales preferidos, un poco más arriba de Times Square, en la esquina de Broadway con la calle 52. Allí encontraron a su colega Buddy De Sylva, letrista y productor, y se sumaron a su mesa. Hacer entrechocar las bolas, colarlas en los agujeros y escuchar aquel clinc-clanc era una buena manera de distraerse. Mientras George y Buddy hacían una partida, Ira se sentó a hojear el *New York Tribune*. Encontró un artículo titulado «¿Qué es la música estadounidense?» en el que se comentaba el concierto que la orquesta de Paul Whiteman haría al mes siguiente, el 12 de febrero, en el Aeolian Hall. De repente dio un grito: «¡George! ¡Mira! ¡Ahora sí que tienes un problema!» George dejó el taco, cogió el periódico y leyó las líneas que le indicaba su hermano, hacia el final del artículo: «Irving Berlin está trabajando en un poema sincopado, Victor Herbet en una suite americana y George Gershwin en un concierto de jazz».

En la historia que sigue me permito poner un poco de ficción pero seguro que la cosa fue más o menos así. George salió corriendo de la sala de billares, subió a su piso y telefoneó a Whiteman: «¡Paul! ¡Pero si te dije que no, que no podía escribir la obra! ¡Que no había tiempo!». La respuesta fue

George Gershwin.

clara: «Lo siento chico, pero las cosas se han complicado. Vincent López, mi principal competidor, quiere robarme la idea y ya está trabajando en un concierto de «fusión» entre música sinfónica y jazz. Mira George: si no quieres escribir nada, pues no lo hagas, pero este concierto marcará el futuro de la música en América. Se titulará «Un experimento en música moderna» y será un gran éxito, te lo puedo garantizar: le daremos la vuelta al concepto de la música de concierto, mezclaremos el jazz con los violines, haremos que el ritmo contamine al público. Estará todo el mundo, desde los sinfonistas europeos como Rachmáninov hasta nuestras viejas glorias: ¡el viejo Sousa me ha confirmado que vendrá! Sólo faltas tú George, la fuerza de la juventud: el futuro está en tus manos».

Cuando colgó el teléfono, Gershwin estaba mareado. Se tendió en el sofá y clavó la mirada en el techo. ¿Y si aquella era su oportunidad para subir al carro de la música sería? ¿Y si el reconocimiento como músico «clásico» estaba allí, ante sus narices? Al día siguiente volvió a telefonear a Whiteman y aceptó el encargo. Dejó de lado el musical que tenía entre manos y se dedicó intensamente al «concierto de jazz» que anunciaba el periódico. Un viaje en tren a Boston le ayudó a acabar de poner las ideas en orden: el ritmo del tren, el sonido de la ciudad, la mezcla de culturas... Decidió que haría una especie de calidoscopio musical de América, con solos de piano combinados con fragmentos orquestales, colocando ideas dispersas una detrás de otra. Mezclaría los tres elementos que definían su música: la tradición pianística clásica que había mamado desde pequeño (el *ragtime* incluido), la armonía de los musicales de Broadway y el aliento del blues afroamericano. El título sería *Rhapsody in blue.*

El Aeolian Hall, la sala donde estaba previsto el concierto, era una de las salas sinfónicas más prestigiosas de Nueva York. Estaba situada en las primeras plantas de las 18 que tenía el Edificio Aeolian, sede de la fábrica de instrumentos musicales Aeolian Company. Como sala de conciertos solamente estuvo activa hasta 1927 pero por ella pasaron intérpretes como Rachmaninov, Prokofiev, Busoni o la violinista Rebecca Clarke. Actualmente el edificio sigue en pie y es la sede de la Facultad de Optometría de la Universidad de Nueva York.

El 4 de febrero de 1924 Gershwin acabó la obra. Durante el primer ensayo, Paul Whitemann se dio cuenta de que casi toda la partitura del piano solista estaba en blanco. George le dijo que no se preocupara, que no había tenido tiempo de escribirla, pero que lo tenía todo en la cabeza. El clarinetista de la orquesta, Ross Gorman, bromeando con el trombonista tocó los primeros compases de la obra haciendo un *glissando* al final de la escala diatónica de dieciocho notas que estaba escrita. El efecto resultante, muy humorístico y expresivo, gustó a George, que le pidió incorporarlo a la partitura. En aquel momento nadie sospechó que se convertiría en el *glissando* más famoso de la historia de la música. El concierto se celebró, como estaba previsto, el 12 de febrero y fue larguísimo: se interpretaron más de veinte obras que jugaban a mezclar estilos, sonoridades y ritmos. La penúltima fue la *Rhapsody in blue* y, sin ningún tipo de duda, fue el éxito de la velada. La orquesta de Paul Whiteman la incorporó a su repertorio y, en los siguientes tres años, la interpretó más de ochenta veces. Actualmente la *Rhapsody in blue* sigue siendo la obra sinfónica de un compositor americano más interpretada en todo el mundo.

Pocos años después, Gershwin ya era el músico más reconocido de Estados Unidos. Los encargos —y el dinero— le salían por las orejas, gracias el éxito de esta y de otras obras «clásicas» que Gershwin compuso, incluida una ópera. A mediados de 1937 Gershwin empezó a comportarse de forma extraña. Sufría ataques de vértigo, no coordinaba bien, de repente no le

El Gershwin Theatre

En 1983 se inauguró el Gershwin Theatre, en el nº 222 de la calle 51, en el centro mismo de Manhattan. Dicho teatro ya existía desde 1972 (se conocía como Teatro Uris) pero durante la ceremonia de los premios Tony de 1983 se rebautizó como homenaje a los hermanos Gershwin. Es el teatro con mayor aforo de la ciudad con 1.933 asientos. En él se han representado numerosos musicales, clásicos y modernos, pero desde que en 2003 estrenó *Wicked*, de Stephen Schwarts y Winnie Holzman, cada noche sube el telón para representar esta obra (excepto los meses de 2020 y 2021 en que estuvo cerrado por la pandemia de COVID-19) y ya ha superado las 7.000 representaciones. Ocupa el segundo puesto de la lista de musicales con mayores ingresos de la historia, solamente superado por *El rey león*. El apellido Gershwin sigue, pues, cosechando éxitos.

salían las palabras, olvidaba fragmentos de las obras que interpretaba en concierto... Fue ingresado en Los Ángeles, pero le dieron de alta recomendándole reposo: «Usted está estresado, a veces sufre ataques de histeria y nada le irá mejor que dejar el trabajo durante un tiempo». Él, sin embargo, siguió tocando y componiendo.

Un día, mientras trabajaba con su hermano en la película musical *The Goldwyn Follies*, sufrió un colapso y entró en coma. Era el viernes 9 de julio. Uno de los facultativos sospechó que, quizá, aquellas disfunciones de las últimas semanas podían ser causadas por un tumor cerebral. Rápidamente lo confirmaron y vieron que había que operar. Ninguno de los médicos de guardia había hecho una operación como aquella anteriormente y así lo comunicaron a Ira. Este contactó inmediatamente con el famoso Dr. Harvey Cushing de Boston, padre de la neurocirugía moderna. El Dr. Cushing lo atendió telefónicamente, pero le dijo que él ya llevaba unos años retirado. De todos modos, tenía un colega que haría muy bien el trabajo: el Dr. Walter Dandy. Ira lo llamó. Lo atendió la Sra. Dandy y le dijo que su marido se había marchado el fin de semana a pescar con el gobernador de Maryland a la Bahía de Chesapeake, justo al otro lado del país. Ira estaba perdiendo la paciencia y se le ocurrió llamar directamente a la Casa Blanca: dijo que George Gershwin, el mayor compositor americano de todos los tiempos, se estaba muriendo en un hospital de Los Ángeles y el único médico que lo podía salvar estaba pescando cerca de Washington. Desde la Casa Blanca movilizaron a la Guardia Costera que pudo localizar el yate del gobernador, llevaron al doctor Dandy a la costa donde ya lo esperaba un coche que lo llevó al aeropuerto de Newark. Subió al avión privado que había contratado Ira y voló directamente a Los Ángeles.

Entretanto, los médicos que atendían a Gershwin decidieron operar: ya habían esperado veinticuatro horas y el paciente no podía aguantar más. Cuando el doctor Dandy llegó a L.A., Gerswin ya había sido intervenido: le habían extirpado un tumor enorme. Aquel mismo domingo por la mañana, George Gershwin murió. El doctor Dandy se quedó para presenciar la autopsia y en el informe se pueden leer disquisiciones diversas sobre si lo que mató a George fue un glioblastoma multiforme o una hernia cerebral con hemorragias de Duret. El cuerpo se trasladó a Nueva York y su tumba puede visitarse en el cementerio de Westchester Hills, en Hastings-on-Hudson, donde reposa cerca de su hermano (que murió 45 años después), y de personajes muy ligados al mundo del musical de Broadway, como la actriz Allyn King o el productor Billy Rose.

El estreno de Granados en la Metropolitan Opera

En 1883 se inauguró la Metropolitan Opera House de Nueva York. Conocido popularmente como «el Met», es uno de los teatros de ópera más importantes del mundo y, seguramente, la institución musical más relevante de Estados Unidos. El primer edificio que ocupó estaba en la avenida Broadway, en el número 1411, entre las calles 39 y 40, y estuvo activo hasta 1966. Ese mismo año la compañía se trasladó al nuevo edificio (el actual) en el Lincoln Center, un teatro que cuenta con la tecnología más moderna que permite que cada día del año se represente una ópera distinta o un concierto o un ballet o lo que haga falta. Tiene capacidad para casi 4.000 espectadores. A principios del siglo XX vivió noches inolvidables con el estreno de distintas óperas de Puccini: *Manon Lescaut* en 1906, con el mítico tenor Enrico Caruso; *La Fanciula del West* en 1910 con el mismo Caruso bajo la batuta de Toscanini; o el famoso estreno de *Il Trittico* el 14 de diciembre de 1918, un conjunto de tres óperas cortas (*Il Tabarro*, *Suor Angelica* y *Gianni Schicchi*) que dividió la opinión del público asistente.

En 1916 el compositor catalán Enric Granados estrenó aquí su ópera *Goyescas* y, a pesar de que las críticas fueron muy buenas, dicho estreno fue la última alegría que tuvo en su vida. Granados tenía previsto estrenar *Goyescas* en París en 1914, pero la Primera Guerra Mundial lo impidió. Su amigo Pau Casals usó sus contactos en Estados Unidos y consiguió el compromiso del Met para el estreno. Hay que tener en cuenta que nunca se había interpretado una ópera en español en el Met, pero Granados era uno de los compositores más relevantes de Europa y *Goyescas* era su primera ópera. El caso es que, finalmente, el estreno se celebró el 28 de enero de 1916, aunque hasta el día anterior Granados estuvo trabajando en una página que, a la postre, sería

Metropolitan Opera House.

una de las más famosas de la obra: el *Intermezzo* orquestal que Casals le pidió que escribiera para que la orquesta tocara durante unos minutos mientras los técnicos movían diferentes elementos del escenario. El éxito fue notable y la obra se interpretó en cinco días sucesivos.

Granados tenía previsto volver a principios de marzo directamente de Nueva York a Barcelona con un buque de la compañía *La transatlántica*,

La Gala del Met

El evento social más importante del año en Manhattan es la famosa «Gala del Met», pero no se refiere al teatro de la ópera, sino al Museo Metropolitano de Arte situado justo al otro lado de Central Park: entre uno y otro edificio hay media hora a pie cruzando el parque. Cada primer lunes de mayo desde 1960 las escaleras del museo se cubren con una alfombra roja por la que desfilan las celebridades del momento: actrices, actores, cantantes, gentes de la prensa rosa, políticos, empresarios... Es una gala benéfica que en una sola noche acostumbra a recaudar varios millones de dólares para el Instituto del Vestido del Museo Metropolitano de Arte de Nueva York. Los invitados (solo te invitan si se prevé que vas a donar una cifra de varios dígitos) van vestidos según el tema que la revista Vogue propone cada año desde «Moda en la era de la tecnología», o «Cubismo y Moda», a la temática de 2022 «América: una antología de la moda».

El *Sussex* torpedeado.

pero le llegó una carta que lo cambió todo: el presidente de los Estados Unidos, Woodrow Wilson, le invitaba a dar un recital en la Casa Blanca. Granados pospuso su retorno a casa para poder tocar en Washington donde acudió con la mezzosoprano alemana Julia Culp, todo un fenómeno de la lírica en Nueva York, donde había sido apodada «el ruiseñor alemán». Además de acompañar a la cantante, Granados interpretó obras de Chopin, Scarlatti y algunas propias. Pocos días después él y su esposa Amparo Gal se embarcaron rumbo a Inglaterra, ya que el cambio de billetes no les permitió viajar directamente a España. Visitaron Londres y el 24 de marzo subieron al transbordador británico *Sussex*, que hacía el trayecto por el Canal de la Mancha entre Folkestone y Dieppe. A mitad de camino, el *Sussex* fue torpedeado por el submarino SM UB-29, un U-boot alemán bajo el mando de Herbert Pustkuchen. El pánico se apoderó de los pasajeros y también de la tripulación: se lanzaron varios botes salvavidas, pero algunos volcaron. Mucha gente saltó al agua, otros se quedaron a bordo... El caos hizo más daño que el torpedo alemán, que había estropeado el barco por la parte de proa, pero no lo hundió. El Sussex pudo ser remolcado hasta el puerto de Boulogne-sur-Mer: de las 380 personas que habían embarcado en Inglaterra, llegaron poco más de 300. Entre los desaparecidos estaban Enric y Amparo que dejaban seis hijos huérfanos en Barcelona.

GRANADOS:
GOYESCAS. INTERMEZZO

Lincoln Center.

El Lincoln Center: música y más música

El Lincoln Center es el complejo de artes escénicas más grande del mundo. En esta «ciudad» de las artes conviven la Metropolitan Opera, la Filarmónica de Nueva York, el Ballet de la ciudad, el conservatorio Julliard y una decena más de instituciones artísticas de primer orden. Ocupa una superficie de más de 60.000 metros cuadrados y tiene más de media docena de salas de conciertos y teatros. La mayor es la del Met, con 3.900 asientos, seguida por el David Geffen Hall con más de 2.700 butacas y en el que actúa la Filarmónica. En tercer lugar está el David H. Koch Theatre, también con más de 2.700 asientos, donde actúa el New York City Ballet; y en cuarto lugar está la sala de conciertos de la Julliard School (el Alice Tully Hall), con casi 1.100 localidades.

La orquesta Filarmónica de Nueva York es la más antigua de Estados Unidos. Se fundó en 1842 y en su primer concierto interpretó la *Sinfonía nº5* de Beethoven. A finales del siglo XIX estableció su sede en el Carnegie Hall y en 1962 se trasladó al Lincoln Centre. Inicialmente, el auditorio que ocupó se llamaba Philharmonic Hall. En 1973 pasó a llamarse Avery Fisher Hall en honor al mecenas y empresario norteamericano fundador de la

La Orquesta Filarmónica de Nueva York.

Noche de estrenos

Si visitamos el Lincoln Center es muy probable que, en una u otra sala, encontremos un evento de relevancia: el estreno de una nueva serie de televisión (como sucedió con *Juego de Tronos*), de una película (como *Tacones lejanos* de Pedro Almodóvar que en 1991 sirvió para inaugurar la sala Walter Reade Theater del Lincoln Center) o un concierto de graduación de los alumnos del conservatorio.

empresa de componentes electrónicos Fischer que donó diez millones de dólares a la orquesta para que el edificio llevara su nombre. En 2015 otro millonario, David Geffen —productor de cine, teatro y música—, pagó para que el edificio volviera a cambiar de nombre. En esta ocasión el costo del patrocinio fue de 100 millones y desde entonces se llama David Geffen Hall. A nadie se le escapa que, dentro de unos años, por una módica donación de 1.000 millones, el nombre del auditorio volverá a cambiar.

Con uno u otro nombre, en el auditorio sinfónico del Lincoln Center se han vivido noches memorables, como el día de la inauguración con el estreno del *Concierto para piano* de Samuel Barber, las primeras retransmisiones televisivas de conciertos por todo el país, los míticos conciertos de Miles David y Bob Dylan en 1964, etc.

El repóquer de ases de la música clásica estadounidense está formado por Scott Joplin, George Gershwin, Aaron Coplan, Samuel Barber y Leonard Bernstein. La música de todos ellos suena a menudo en el Lincoln

Center, pero han sido muchas las voces críticas que han considerado que las obras de autores norteamericanos se interpretan muy poco, en comparación con las de los autores clásicos europeos. El debate sigue vigente —y seguirá— ya que la solera histórica de la música clásica europea no es la misma que la de la «joven» música norteamericana. Allá ellos con qué obras tocan o qué obras no, pero no hay duda de que el Lincoln Center ofrece las mejores instalaciones imaginables para interpretarlas.

El Carnegie Hall y Stern

Andrew Carnegie nació en Escocia en 1835. La familia emigró a Estados Unidos y allí el chaval probó todo tipo de oficios. A los 20 años ya era uno de los responsables de la compañía de ferrocarriles de Pittsburg. Entró en el mundo de la siderurgia y del petróleo y su fortuna empezó a crecer y crecer. A los 40 años ya dominaba el negocio del acero en casi todo el país.

El Carnegie Hall.

Andrew Carnegie.

Compró compañías navieras, líneas de ferrocarriles y minas de hierro. Fue un modelo del «hombre hecho a sí mismo» que tanto se predicó en aquella época en Estados Unidos y buena parte de su fortuna la destinó a la filantropía: bibliotecas, universidades, investigaciones científicas y también a la música.

En 1890 financió la edificación de un complejo musical en el centro de Nueva York, entre la Séptima Avenida y la Calle 54: el Carnegie Hall. Se trata de uno de los auditorios más importantes del mundo y cuenta con 2.800 localidades. La inauguración se celebró en mayo de 1891 y el concierto fue dirigido por Chaikovsky. Dicen que su acústica es de lo mejor que hay en el mundo. A pesar del prestigio que fue adquiriendo la sala gracias a los solistas y a las orquestas que allí actuaron, en 1960 el edificio estuvo a punto de ser demolido y en su lugar se quería instalar un centro comercial. Se constituyó un grupo de ciudadanos contrarios a la demolición liderados por el gran violinista Isaac Stern y consiguieron salvarlo. Por ello, la gran sala sinfónica del Carnegie Hall desde 1997 se llama «Auditorio Isaac Stern».

El Carnegie Hall fue la sede de la Filarmónica de Nueva York durante décadas, hasta que se trasladó al Lincoln Center en 1962. En 2003 la Filarmónica anunció que volvería al Carnegie Hall, pero el Lincoln se puso las pilas, incorporó mejoras a sus instalaciones y pudo retener a la orquesta más antigua del país bajo su techo. La lista de estrenos que se han celebrado en el Carnegie Hall es interminable, pero destacaremos solamente media docena: la *Sinfonía nº 9* de Dvorak, el *Concierto para piano en Fa* y la suite *Un americano en París* de Gershwin, el *Concierto para violín* de Britten (con el catalán Antoni Brossa como solista), la suite *Appalachian Spring* de Aaron Copland y el *Ebony Concerto* de Stravinsky. Actualmente en el Carnegie Hall se celebran más de 250 conciertos al año y sigue siendo uno de los escenarios de referencia en el

mundo de la música clásica, aunque no solo de clásica vive el Carnegie: en él han actuado nombres míticos del jazz, de la canción y del rock, como por ejemplo Duke Ellington, Glenn Miller, Nina Simone, Charles Aznavour, Bill Halley, The Beach Boys, The Beatles, Led Zeppelin o Tina Turner. Tambien ha servido como escenario para eventos muy diversos, desde conferencias (como la última impartida por Marc Twain en 1906) a estrenos de cine, como el de la película *Fantasía 2000* de Walt Disney. El mismo edifico del teatro tuvo, hasta hace pocos años, una serie de apartamentos y estudios anexos en los que vivieron personajes de lo más variopinto. La película *Green Book* (ganadora del Oscar a la mejor película de 2018) cuenta la historia de uno de los inquilinos del Carnegie Hall, el pianista afroamericano Don Shirley, que vio pasar por los estudios de ese edificio a artistas de la talla de Isadora Duncan, Marlon Brando, Marilyn Monroe, Grace Kelly o Robert Redford. 𝄞

Buenos Aires

En Europa hay muchas ciudades con el título de «capital de la música», pero en el continente sudamericano, no hay discusión: Buenos Aires se alza con el título. El primer teatro de ópera de Buenos Aires se construyó en 1757 y durante décadas se representaron en él obras europeas con músicos europeos. Los principales compositores argentinos de una cierta relevancia en el mundo de la música clásica no aparecieron hasta finales del siglo XIX, pero la pasión por la música europea ya estaba más que consolidada entre el público porteño.
Así, antes de entrar en el siglo XX, Buenos Aires ya se había situado en el mapa como capital musical y contaba con sus propias orquestas y compañías, pero los artistas europeos (solistas, directores, orquestas, cuerpos de ballet y compañías de ópera) hacían sus planificaciones anuales teniendo en cuenta que valía la pena reservar un par de meses para viajar a Buenos Aires a ofrecer su música.
En nuestro paseo por la ciudad visitaremos el monumental Teatro Colón, escenario de los mayores triunfos operísticos que se han vivido en el continente; viviremos la veneración que tuvo el público con el gran director Arturo Toscanini; acompañaremos a autores locales, como Alberto Ginastera o Astor Piazolla, y no olvidaremos que Buenos Aires ha dado al planeta algunos de los mayores intérpretes de música clásica del siglo XX, desde Marta Argerich a Bruno Gelber pasando por Daniel Levy, Alberto Lysy o Daniel Barenboim. No faltará, claro está, el insigne compositor Johann Sebastian Mastropiero, autor de docenas de obras lutherianas, con el que acabaremos este tour *mundial por las ciudades de la música clásica.*

El Teatro Colón.

Toscanini en el Teatro Colón

El Teatro Colón está en pleno centro de Buenos Aires, entre Cerrito, Viamonte, Tucumán y Libertad. Se empezó a construir en 1890 pero por problemas diversos no se acabó hasta 18 años después. El primer problema fue que el arquitecto Francesco Tamburini murió inesperadamente al cabo de unos meses de empezar las obras. Tamburini era un arquitecto italiano de gran prestigio que desde 1884 ejercía como Director General de Arquitectura de la Nación (entre sus obras destaca la Casa Rosada, sede de la presidencia del gobierno argentino). Tras su muerte, las obras del monumental Teatro Colón continuaron bajo la dirección de un alumno y colega suyo, el también italiano Vittorio Meano. Pero Meano tampoco pudo acabar el trabajo.

Viendo que con los italianos no había suerte, se contrató al belga Jules Dormal, muy conocido en Buenos Aires por diversos trabajos y por ser miembro fundador de la Sociedad Central de Arquitectos de Argentina.

El mayordomo homicida

Un buen día volvió a casa antes de lo previsto y encontró a su mujer en la cama con un amante. Durante la discusión, un disparo mató a Meano. El amante —exmayordomo de la casa— fue condenado a 17 años de prisión por asesinato. La mujer, enviada de vuelta a Italia. Y el arquitecto, enterrado en el Cementerio de La Recoleta.

Este sí que acabó la construcción y el teatro se inauguró el 25 de mayo de 1908 con la ópera *Aida* de Verdi.

El prestigio del Teatro Colón se fue forjando especialmente desde la inauguración del «nuevo» teatro. Por allí pasaron compositores como Saint-Saëns, Richad Strauss, Stravinsky o Manuel de Falla. El compositor español aceptó en 1939 una invitación de la Institución Cultural Española en Buenos Aires para dirigir unos conciertos en el Colón en motivo del 25 aniversario de la inauguración. Así, de paso, Falla se alejaba de una España devastada por la Guerra Civil en la que no estaba nada cómodo por las presiones que recibía del régimen franquista para presentarle como «compositor nacional». Se embarcó en el transatlántico *Neptunia*, un súper buque moderno (construido en 1932) con capacidad para 1.500 pasajeros, aunque solamente un 10% de ellos en primera clase. Zarpó el 2 de octubre y llegó a Buenos Aires el 18. Nada más desembarcar le entregaron un telegrama del gobierno español en el que le invitaban a volver a cambio de una pensión vitalicia de 25.000 pesetas anuales. Falla contestó amablemente, agradeció la iniciativa, pero declinó la oferta. El 4 de noviembre celebró su primer concierto en el Colón dirigiendo *El Amor Brujo* y unos días después estrenó su obra *Homenajes*. Falla no volvió nunca a España. Vivió los últimos siete años de su vida en tierras argentinas donde murió en 1946 confirmando la superstición que le perseguía desde hacía tiempo según la cual su vida estaba marcada por ciclos de siete años: siete en Madrid, siete en París, siete en Granada y, finalmente, siete en Argentina.

Pero el músico europeo que dejó una huella más profunda en el Teatro Colón fue, sin ninguna duda, el director Arturo Toscanini. La primera vez que actuó en Buenos Aires fue en 1901 cuando ya era un director reconocido. Anteriormente había viajado a Sudamérica en una ocasión formando parte como violonchelista de una orquestra que actuó en Río de Janeiro. Cuenta la leyenda que en aquella ocasión el público abucheó de tal forma al director de la orquesta que se tuvo que interrumpir la representación de *Aida*. Animado por los compañeros de la orquesta, el joven Toscanini (tenía 19 años) cogió la batuta y así hizo su debut improvisado como director. Después, la historia ya es conocida: fue nombrado director residente de La Scala de Milán, dirigió las mejores orquestas europeas y norteamericanas,

El nuevo Colón

Entre 1857 y 1888 ya había un Teatro Colón en la ciudad, frente a la Plaza de Mayo, pero no tenía, ni mucho menos, las dimensiones y las prestaciones del nuevo. El actual Teatro Colón, después de diversas ampliaciones y restauraciones, cuenta con una superficie de 58.000 metros cuadrados y con una capacidad para casi 2.500 espectadores. El escenario también es enorme: 35 metros de ancho por 34 de fondo y 48 de altura. Y el foso para la orquesta está considerado uno de los mejores del mundo, tanto por su sonoridad como por su capacidad, ya que caben en él 120 músicos.

tuvo a su mando la Metropolitan Opera y más tarde la Filarmónica de Nueva York, fue el primer director no alemán en dirigir en el Festival de Bayreuth y su actitud de oposición a los regímenes totalitarios en Europa le obligó a instalarse en Estados Unidos. Dirigió la Orquesta de la NBC con la que estrenó el *Adagio* de Samuel Barber y grabó mucha música norteamericana (aunque en sus programaciones, la mayor parte del repertorio siempre era europeo). Fue el responsable del estreno de óperas indispensables como *Pagliacci* de Leoncavallo o *La bohème* y *Tosca* de Puccini.

En su primera temporada en Buenos Aires (de mayo a julio de 1901) Toscanini dirigió entre otras óperas *Tosca*, *Aida*, *Rigoletto* (con el tenor Enrico Carusso), *Otello*, *La Traviata*, *Tannhäuser*, *Lohengrin* y el estreno argentino de *Tristán e Isolda*. Ahí es nada. El sueldo tampoco estuvo mal: le pagaron cada mes lo mismo que cobraba en Milán durante un año. Volvió en 1903 con otra «maratón» de óperas incluidas *La Gioconda*, *La condenación de Fausto*, *El elixir de amor*, *Manon Lescaut* y *Los maestros cantores*. Pero la más sonada fue la temporada de 1904: incluyó el reestreno de *Madama Butterfly* de Puccini. El estreno en Italia había sido un fracaso (tal como hemos explicado en el capítulo dedicado a Milán) y el autor hizo una nueva versión para Argentina. Tanto en una ocasión como en la otra, la soprano fue Rosina Storchio, que según todas las lenguas (las buenas y las

Rosina Storchio.

malas) era la amante de Toscanini. Esta vez la obra fue bien recibida por el público, pero Puccini aun la seguiría revisando hasta darla por definitiva en la quinta versión. En la temporada de 1906 Toscanini volvió a programar *Madama Butterfly* y también fue la Storchio la solista. En la escena en la que la protagonista aparece con su hijo, el papel del niño era representado por Giorgio, el hijo pequeño de Toscanini, que contaba con cinco añitos. A los pocos días el chaval enfermó de difteria y murió. El entierro en La Recoleta fue multitudinario y Toscanini y la madre, Carla de Martini, recibieron el apoyo de la ciudad (la madre especialmente, ya que la noche de la defunción de Giorgio parece ser que Toscanini no estaba en casa y hubo que ir a buscarle al hotel de la Storchio donde quizás estaban repasando algunas arias del derecho y del revés). La noche del entierro había función y Toscanini subió al podio. Cuando en la escena del niño vio aparecer a otro actor que no era su hijo, Toscanini se deshizo en un mar de lágrimas, pero siguió dirigiendo.

La relación de Toscanini con Buenos Aires siguió siendo intensa y continuada tras la inauguración del Teatro Colón. Pero de repente, en 1912, la relación se cortó. Nunca ha quedado claro por qué Toscanini tardó 28 años en volver al Colón, pero el caso es que el idilio entre Buenos Aires y el director italiano que tantas alegrías había dado a ambos, se acabó. En 1940 Toscanini partió de gira por Sudamérica con la Orquesta de la NBC y en Buenos Aires ofreció ocho conciertos sinfónicos. Durante su estancia tuvo ocasión de escuchar la Orquesta Estable del Teatro Colón y, admirado por su calidad, se ofreció a dirigirla durante la temporada siguiente. Aquella misma tarde se firmó el contrato y en junio de 1941 se celebraron, durante seis semanas, los últimos siete conciertos de Toscanini en Buenos Aires. Ni qué decir tiene que el éxito aún se recuerda como uno de los mayores que se han vivido en el Teatro Colón. El concierto en el que se interpretó la *Novena* de Beethoven dio pie a la narración *Las ménades* de Julio Cortázar (presente aquel día en el teatro) que quedó impactado por la idolatría que sentía el público hacia Toscanini. En el cuento de Cortázar se interpreta es la *Quinta* de Beethoven, el público acaba asaltando el escenario y destripando instrumentos, músicos y, naturalmente, al director.

Astor Piazzolla con su bandoneón.

El Teatro Piazzolla: el reino del bandoneón

Por suerte, este libro habla de música clásica, así que intentaremos no hablar mucho del tango para no meternos en camisa de once varas. Pero tenemos que hablar de Astor Piazzolla y, claro está, el tango aparecerá. Según los estudios tradicionales sobre el tango, hay que diferenciar tres períodos: el primero (conocido como «la Guardia Vieja») va desde sus orígenes hasta 1920; el segundo periodo («la Guardia Nueva») llega hasta 1955; y el tercero («el Nuevo Tango») empieza a mediados del siglo XX y tiene su máximo exponente en Astor Piazzolla.

El propio Piazzolla compuso una obra titulada *Histoire du Tango* en la que hace un repaso de la historia del género en cuatro etapas: Bordel 1900, Café 1930, Nightclub 1960 y Concierto hoy en día. Cuatro maneras de vivir el tango y, claro está, cuatro maneras de hacerlo sonar. Ni qué decir tiene que cuando Piazzolla empezó a prodigarse en los escenarios con su nueva manera de concebir el tango, le llovieron críticas de todas partes, especialmente de los defensores del tango clásico. Llegaron a llamarle «el asesino del tango».

Cabeza de alcornoque

Dicen que, cuando Piazzolla le mostró sus obras a Nadia Boulanger, ella le dijo: «Esto está muy bien, se parece a Ravel. Y esto de aquí es muy bonito, parece Debussy. Y estos ritmos, muy bien, típicos de Stravinsky. ¿Dónde está Piazzolla?» Entonces él se levantó de la mesa, sacó su bandoneón (otros dicen que se sentó ante el piano) e interpretó algunos de los tangos que había escrito últimamente. «¡Ahora sí, cabeza de alcornoque! ¡Eso sí es el auténtico Piazzolla!». A partir de ese momento Piazzolla dejó de sentirse abrumado por la música clásica y avergonzado por su condición de bandeonista.

Piazzolla nació en Mar del Plata, a 400 Km al sur de Buenos Aires, en 1921 pero a los tres años su familia se mudó a Nueva York. Su padre le compró un bandoneón —el típico acordeón con el que se interpretan tradicionalmente los tangos— y aprendió a tocarlo de forma autodidacta. A los 14 años acompañó a Carlos Gardel por la ciudad de Nueva York ayudándole en sus compras y el mítico intérprete de tangos le invitó a aparecer como vendedor de periódicos en la película *El día que me quieras*. En aquel entonces, Piazzolla aún no había debutado como bandoneista, pero Gardel le pronosticó: «Cuando conozcas de verdad el tango, ya no lo abandonarás».

Piazzolla estudió música y se presentó en 1953 a un concurso de composición para orquesta sinfónica. Lo ganó y el escándalo se desató el día del estreno cuando el público vio (y oyó) que entre la orquesta había también dos bandoneones: Piazzolla había empezado la revolución mezclando la música «clásica» con la «tradicional». Gracias al premio, Piazzolla viajó a Europa y estudió en París con la prestigiosa Nadia Boulanger.

Nadia Bolunager le ayudó a creer en sí mismo y la carrera del mejor compositor de tangos de la historia despegó (de tangos modernos, claro está). A final de los años cincuenta regresó a América y grabó diversos discos que le consolidaron como el gran revolucionario del tango. En los sesenta se instaló en Buenos Aires con su Quinteto Nuevo Tango y escribió algunas de sus mejores obras: *Adiós Nonino*, *Las cuatro estaciones porteñas* o *Concierto de Nácar*. Viajó por todo el mundo, vivió en Estados Unidos, en Italia y en Francia. A los 70 años, en París, sufrió una trombosis cerebral que le imposibilitó seguir tocando. Fue trasladado a su casa de Buenos Aires donde falleció dos años después, el 4 de julio de 1992.

El Teatro Astor Piazzolla está en el corazón de Buenos Aires, en el Pasaje Güemes. Se trata de un teatro inaugurado en 1915 con el nombre de

«Palacio Florida» y actualmente es un complejo cultural llamado «Palacio Tango» que incluye la sala dedicada a Piazzolla y otra dedicada a Carlos Gardel ambas decoradas al más puro estilo Art Noveau de la Belle Epoque. Gardel actuó aquí en 1917. Cada noche se ofrecen espectáculos de tango con música y baile, y aunque las obras que hicieron famosos a Gardel y a Piazzolla no son de las más interpretados, el espíritu de ambos seguro que sobrevuela el escenario.

La cuna de Mastropiero

La música clásica es muy seria. O por lo menos, así nos la han vendido, aunque a lo largo de este libro ya hemos visto que las cosas de la música no siempre son tan dramáticas como las pintan. Los compositores (y directores, intérpretes, gestores de teatros...) son personas, aunque a veces no lo parezca y, por lo tanto, tienen las mismas vivencias que el común de los mortales. No hace falta remontarse a *La broma musical* de Mozart, ni al *Carnaval de los animales* de Saint-Saëns, ni a los *scherzi* (juegos) que muchos compositores han escrito para darse cuenta de que, a menudo, la música es un juego, una broma, un divertimento.

Precisamente en Buenos Aires nació el grupo teatral más divertido de la música clásica: Les Luthiers. Desde sus inicios en 1967 supieron reírse de la música clásica desde dentro, desde el conocimiento de los protocolos del género, de los tics, de las tradiciones. Sus espectáculos de humor tienen la música como principal protagonista y, aparte de tocar instrumentos «de verdad» como el piano, la guitarra o el bajo eléctrico, suelen utilizar «instrumentos informales» creados por ellos mismos en su taller: el Tubófono silicónico cromático, el Latín (un violín construido con una lata de jamón cocido), el Contrachitarrone da

Un robot de 80 kilos

Uno de sus instrumentos más aplaudidos —y efímeros— fue el Antenor, un robot de 80 kilos construido en 1979 con diversos motores, 13 cornetas con altavoces y una batería de tambores. Participó en varias funciones hasta que murió en el escenario: un cortocircuito acabó con él delante del público antes de que pudiera concluir su interpretación. Actualmente, el Centro Cultural Recoleta (antes llamado Centro Cultural Ciudad de Buenos Aires) expone una réplica del Antenor construida en motivo de la exposición que conmemoraba el 40 aniversario del grupo musical.

gamba, la Mandocleta, el Campanófono a martillo o el Nomeolbidet (construido, claro está, con un bidé, instrumento solista en la obra *Loas al cuarto de baño*).

Les Luthiers, además, cantan. Siempre cantan. Las letras de sus canciones son parte indispensable del *show*, letras mordaces, irónicas e incluso políticamente incorrectas. En las cerca de 8.000 funciones que han celebrado a lo largo de su carrera, la palabra siempre ha sido protagonista, tanto en las letras de las canciones como en las presentaciones de cada número musical.

Johann Sebastian Mastropiero, a pesar de ser un personaje ficticio, es uno de los compositores más internacionales de Buenos Aires. Nació de las retorcidas y humorísticas mentes de Les Luthiers y es el autor de docenas de obras musicales interpretadas por el grupo humorístico-musical en los últimos 50 años por todo el mundo. Las obras de Mastropiero se suelen interpretar después de una presentación en la que se narran las circunstancias en las que se compuso aquella obra. Así, podemos conocer la historia de algunas de sus creaciones, como por ejemplo su famoso *Gloria* que, según parece, se estrenó en El Vaticano y al final de la obra la Guardia Suiza tiró por la ventana las partituras, los instrumentos y al propio autor. O las diversas obras que plagió del compositor Günter Fragher, como el bolero *Perdónala*, e incluso el libro *Autobiografía de Mastropiero*, copia textual de las memorias de Günter Fragher.

Les Luthiers han realizado más de 3.500 funciones en Buenos Aires, desde la primera en Rolf Garden el 2 de noviembre de 1967 hasta las que tienen programadas a lo largo de 2022 en el Auditorio Belgrano. Han actuado en todos los teatros de la ciudad, desde el Teatro Coliseo —el que más han frecuentado—, hasta el Odeón pasando por el Ópera, el Margarita Xirgu, el Lasalle, el Cervantes, el Gran Rex, el Payró, el Presidente Alvear, el Bnai Brith, el Hacoaj, el Sha, el Nuevo Teatro, el Embassy, el Astral, algunas actuaciones esporádicas en el Teatro Colón y varias docenas en cines como el Alberdi, el Villa Crespo, el Pueyrredón

Les Luthiers.

No solo es verídico, sino que además es cierto

No hay mejor epílogo para este libro que plagiar (más o menos) un par de frases de Johann Sebastian Mastropiero (que seguramente son de Günter Fragher), como aquella que nos recuerda que: «De diez personas que tocan el piano, cinco son la mitad». O la definitiva: «Todo lo que se ha escrito en este libro no solamente es verídico, sino que además es cierto».

MASTROPIERO: *SONATAS PARA VIOLÍN Y PIANO*

o el Argos. Vale la pena programar una visita a la ciudad para coincidir con uno de sus espectáculos, aunque también se prodigan en otras ciudades Iberoamericanas y en España, donde han celebrado más de 1500 funciones.

Lista de audiciones

- ◆ 1. Strauss, J (II): *Corona de arándanos*
- ◆ 2. Mozart: *Requiem. Confutatis*
- ◆ 3. Von Suppe: *Caballería ligera. Obertura*
- ◆ 4. Salieri: *Prima la música, poi le parole. Obertura*
- ◆ 5. Beethoven: *Sinfonía nº 5*
- ◆ 6. Strauss, J (II): *Trish Trash Polka*
- ◆ 7. Schubert: *Pax Vobiscum*
- ◆ 8. Beethoven: *Variaciones Diabelli*
- ◆ 9. Brahms: *Un Requiem alemán*
- ◆ 10. Léhar: *La viuda alegre. Vals*
- ◆ 11. Strauss, J (II): *El Danubio azul (versión coral)*
- ◆ 12. Lully: *El burgués gentilhombre*
- ◆ 13. Stravinsky: *La consagración de la primavera*
- ◆ 14. Wagner: *Tannhäuser. Coro de peregrinos*
- ◆ 15. Andrea Bixio: *Parlami d'amore Mariù*
- ◆ 16. Franck: *Gran coro sobre un tema de Navidad*
- ◆ 17. Bizet: *Carmen. Habanera*
- ◆ 18. Pergolesi: *La serva padrona. Lo conozco a quegli occhietti*
- ◆ 19. Mozart: *Concierto para arpa, flauta y orquesta*
- ◆ 20. Berlioz: *Te Deum*
- ◆ 21. Chopin: *Nocturno op. 9 núm. 2*
- ◆ 22. Haendel: *El Mesías. Aleluya*
- ◆ 23. Haendel: *Música para los reales fuegos artificiales*
- ◆ 24. Elgar: *Marcha nº 1 de Pompa y circunstancia*
- ◆ 25. Haydn: *Sinfonía 103 "Redoble de timbal»*
- ◆ 26. Beethoven: *Sinfonía nº 9 "Himno de la alegría»*
- ◆ 27. Respighi: *Fuentes de Roma. Villa Médici*
- ◆ 28. Allegri: *Miserere*
- ◆ 29. Stradella: *Sinfonía en Re menor*
- ◆ 30. Puccini: *Tosca. Vissi d'arte*
- ◆ 31. Puccini: *Turandot. Nesun dorma*
- ◆ 32. Mozart: *Mitridate, Re di Ponto. Al destin*
- ◆ 33. Verdi: *Requiem. Dies Irae*
- ◆ 34. Verdi: *La Traviata. Brindis*
- ◆ 35. Lombardini: *Concierto para violín nº 6*
- ◆ 36. Vivaldi: *Las cuatro estaciones. El verano*
- ◆ 37. Manelli: *Acceso mio core*
- ◆ 38. Offenbach: *Barcarola*

- 39. Monteverdi: *Vespro della Beata Virgine*
- 40. Paganini: *El Carnaval de Venecia*
- 41. Bach: *Partita 2. Chacona*
- 42. Brunetti: *Trio La Ritirata*
- 43. Donizetti: *La fille du regiment. Ah, mes amis*
- 44. Boccherini: *Música nocturna de las calles de Madrid*
- 45. Scarlatti: *Fuga del gato*
- 46. Rodrigo: *Concierto de Aranjuez. Adagio*
- 47. Rossini: *Guillermo Tell. Obertura*
- 48. Manén: *Sinfonía nº 1*
- 49. Pagès: *Contrapunctum lucis*
- 50. Gerhard: *Sardana nº 1*
- 51. Bach: *Misa en Si menor* (fragmentos)
- 52. Wagner: *Lohengrin. Marcha nupcial*
- 53. Mendelssohn: *El sueño de una noche de verano. Marcha nupcial*
- 54. Dvorak: *Sinfonía del Nuevo Mundo. Largo*
- 55. Mozart: *Don Giovanni. A cenar teco*
- 56. Beethoven: *Triple concierto*
- 57. Glinka: *Ruslán y Ludmilla. Obertura*
- 58. Chaikovsky: *Obertura 1812*
- 59. Chaikovsky: *Sinfonía nº 6 "Patética». Finale*
- 60. Chaikovski: *El cascanueces. Vals de las flores*
- 61. Martín y Soler: *Una cosa rara. Obertura*
- 62. Shostakovich: *Sinfonía nº* 7 *"Leningrado». Final*
- 63. Rimsky-Korsakov: *Scheherezade*
- 64. Gershwin: *Rhapsody in blue*
- 65. Granados: *Goyescas. Intermezzo*
- 66. Baber: *Adagio para cuerdas*
- 67. Copland: *Appalachian Spring*
- 68. Falla: *El Amor Brujo. Danza ritual del fuego*
- 69. Piazzolla: *Adios Nonino*
- 70. Mastropiero: *Sonatas para violín y piano*

Bibliografía

Es incontable el número de libros que he consultado en los últimos treinta años para desarrollar mi labor de divulgador musical, así que más que una bibliografía al uso en la que encontrar la documentación que me ha servido para redactar este libro, he preferido listar un par de docenas de libros útiles para acercarse a la historia de la música desde perspectivas diversas. Ahí van:

- Alier, Roger: *Guía universal de la ópera*. Ediciones Robinbook (Barcelona, 2001).
- Alier, Roger: *La zarzuela*. Ediciones Robinbook (Barcelona, 2002).
- Andrés, Ramón: *Diccionario de instrumentos musicales*. Vox (Barcelona, 1995).
- Avilés, Cesc: *Barcelona melómana*. Angle Editorial (Barcelona, 2015).
- Balanchine, George; Mason, Francis: *101 argumentos de grandes ballets*. Alianza Música (Madrid, 1988).
- Barbier, Patrick: *La Venecia de Vivaldi*. Paidós (Barcelona, 2005).
- Casablancas, Benet: *El humor en la música*. Edition Reichenberger (Kassel, 2000).
- La Grange, Henry-Louis de: *Viena, una historia musical*. Paidós (Barcelona, 2002).
- Manchado, Marisa: *Música y mujeres*. Edition Peters (Madrid, 1995).
- Marco, Tomás: *Historia de la Música Occidental del Siglo XX*. Editorial Alpuerto (Madrid, 2003).
- Molero, Esteve: *Que la música amanse a las fieras*. Uno Editorial (Barcelona, 2018).
- Núñez, Carlos: *Los juegos de Mastropiero*. Ediciones Península (Barcelona, 2007).
- Oliva, César; Torres, Francisco: *Historia básica del arte escénico*. Cátedra (Madrid, 1990).
- Orozco, Luis: *Crónicas médicas de la música clásica*. Editorial Aritza (Barcelona, 1999).
- Pahlen, Kurt: *Cartas de amor de músicos*. Turner Música (Madrid, 2017).
- Palacios, Fernando: *Escuchar*. Fundación Orq. Fil. Gran Canaria (Las Palmas de Gran Canaria, 1997).
- Powell, John: *Así es la música*. Antoni Bosch Editor (Barcelona, 2012).
- Puertas, David; Radigales, Jaume: *100 cosas que tienes que saber de la Ópera*. Lectio Ediciones (Barcelona, 2016).
- Puertas, David: *100 cosas que tienes que saber de la Música Clásica*. Lectio Ediciones (Barcelona, 2020).

- Radigales, Jaume: *Una tarda a l'òpera.* Huygens Editorial (Barcelona, 2015).
- Roche, Elisa: *El secreto es la pasión.* Clivis Publicacions (Barcelona, 2010).
- Sánchez, Beatriz; Gomis, Manuel: *Las enfermedades infecciosas y la música.* Brystol Myers (Barcelona, 1999).
- Slonimsky, Nicolas: *Repertorio de Vituperios Musicales.* Taurus (Barcelona, 2016).
- Steinberg, Michael: *Guía de las obras maestras corales.* Alianza Editorial (Madrid, 2007).
- Tranchefort, François René: *Guía de la música de cámara.* Alianza Editorial (Madrid, 1995).
- Tranchefort, François René: *Guía de la música de piano y clavecín.* Taurus (Madrid, 1990).
- Tranchefort, François René: *Guía de la música sinfónica.* Alianza Editorial (Madrid, 1995).
- Xalabarder, Conrado: *Enciclopedia de las bandas sonoras.* Ediciones B (Barcelona, 1997).

Playlist Spotify

Si quieres escuchar los fragmentos de algunas de las obras más significativas que aparecen en este libro puedes acudir a este link que te conducirá a ellas:

En la misma colección:

Descubre a través de este código QR
todos los libros de Ma Non Troppo - Música